JN093194

本格

ルールをマスターして
美味しく楽しむ120種

家飲み
カクテル
教本 新装版

BAR AVANTI オーナーバーテンダー

岡崎ユウ 監修

CONTENTS ●もくじ

※本書は2013年発行の『本格　家飲みカクテル教本　簡単ルールで美味しくできる120種』の内容を確認したうえで必要な修正を行い、書名・装丁を変更して新たに発行したものです。

カクテルの基礎知識

カクテルの基礎知識

〝カフェやバーでオーダーしている美しい色彩のカクテルを自宅でも再現したい！〟
という想いにお応えする、カクテルのつくり方とレシピをまとめたパーフェクトブック。
まずは、カクテルについての基本的な知識を知っておきましょう。

カクテルとは何？

カクテルの定義

**いくつかの材料を混合した
ミックス・ドリンクのこと！**

数種の酒、果汁、薬味などを混ぜ合わせた飲料を、カクテル（cocktail）といいます。つまり、ミックス（ミクスト）ドリンクのこと。アルコールの有無にかかわりなく、2つ以上の材料を混ぜ合わせてつくる飲み物が広い意味でのカクテルなのです。ちなみに、ひとつの飲み物をそのまま飲むのは、ストレート・ドリンクといいます。

ロブ・ロイ

飲む時間で分類される

**短時間で飲むもの、
時間をかけて飲むものに分かれる！**

カクテルは飲み切る時間、飲む時間帯などさまざまな分類があり、それぞれにいくつかの種類があります。飲む時間の分類は、短時間で飲み切るショート・ドリンクと時間をかけてゆっくり飲むロング・ドリンクがあります。飲む時間帯は、食欲を高める効果のある食前酒や、消化を促すやや甘めの食後酒、シーンを問わないオールディに分かれます。

ブルー・ラグーン

温度やつくり方による分類もある

**冷たいものと温かいものに分かれ、
つくり方は4つの技法がある！**

つくったときの温度による分類は、冷たいカクテルがコールド・ドリング、温かいものをホット・ドリンク。ホット・ドリンクは、寒い時季に体を温める目的で飲むことが多いカクテルです。つくり方の分類は、ステア、シェーク、ビルド、ブレンドなどの技法があります。仕上がりによってスタイルが分類され、ネーミングにも反映されています。

スクリュー・ドライバー

これでわかる!
カクテルのスタイルを知ろう

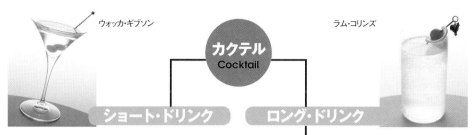

ウォッカ・ギブソン

ラム・コリンズ

カクテル
Cocktail

ショート・ドリンク

主に、材料を氷で冷やし、カクテルグラスなど、底の浅い脚の付いたグラスに注がれ、あまり時間をかけずに飲むもの。

温度による分類

コールド・ドリンク
暑い夏に飲むのにふさわしい冷たい飲料なので、サマー・ドリンクともいわれる。温度の目安は6〜12℃くらい。

ホット・ドリンク
寒い冬に飲むのにふさわしい温かい飲料なので、ウインター・ドリンクともいわれる。温度の目安は62〜67℃くらい。

ロング・ドリンク

時間をかけて飲めるタイプのカクテル。タンブラーなどの大型グラスにつくられ、氷を入れていつまでも冷たい感じをもたせるものと、熱湯やホットミルクなどを加えて熱い状態で飲むものがあります。

つくり方のスタイルによる分類

フィズ
スピリッツかリキュールをベースに、柑橘系果汁と砂糖などを加えてシェークし、ソーダを満たすロング・ドリンク。

コリンズ
ベースに柑橘系果汁と砂糖などを加えてシェークし、ソーダを満たすロング・ドリンク。

クーラー
スピリッツやワインなどをベースに、柑橘系のジュースを加えソーダを満たすスタイルのこと。

リッキー
スピリッツをベースに柑橘系を搾り入れ、ソーダを満たし、柑橘類をマドラーで潰しながら、酸味を自分で調節して飲むスタイル。

フローズン・スタイル
材料をクラッシュド・アイスとともにバーブレンダーにかけ、シャーベット状にしたカクテル。

トゥディ
ベースの酒に甘味を加え、水またはお湯を注ぎ、スライスレモンを入れたもの。

カクテルとは……
酒を基本に2つ以上の材料を混ぜ合わてつくる飲み物のこと。

混ぜ合わせ方には……
基本的なテクニックが4つある。

ステア
Stir
➡P129

シェーク
Shake
➡P130

ビルド
Build
➡P131

ブレンド
Blend
➡P131

カクテルをつくるルール

カクテルはいろいろな材料を混ぜ合わせてつくるだけのことではなく、ベースの酒を決め、そこにバランスよく材料を混ぜ合わせていくものです。まず、頭に入れておきたいのが、下の図に示したカクテルの3つのルール。味の基本構造を覚えておけば、家でも必ず美味しいカクテルがつくれます。

カクテルの味を構成する3つの材料

味の基本となる役割
ジン、ウォッカ、
ラム、テキーラ、
ウィスキー、ブランデー、
ワイン、シャンパン、
ビールなど。
➡詳しくはP134〜

ジン、ウォッカなど
ベースとなる酒

A

リキュールなど
ベース以外の酒

B

ジュース・甘味類
などの副材料

C

味を深める役割
フルーツ系リキュール
コアントロー、グランマルニエ、
ブルーキュラソー、ディタ、カシスなど。
ハーブ系リキュール
カンパリ、ドランブイ、
ガリアーノ オーセンティコなど。
➡詳しくはP137〜

風味づけの役割
オレンジジュース、ライムジュース、
レモンジュース、パイナップルジュース、
トマトジュース、ソーダ、トニック・ウォーター、
ジンジャーエール、コーラ、グレナデンシロップ、
砂糖、アンゴスチュラ・ビターズ、牛乳など。

ここでは、ベースの酒＋１種類の材料を加えた＝２種類の材料でつくる簡単カクテルをご紹介。材料が少ない分、ベースになる酒の個性が味にでやすいのが特徴。スタンダートとして確立されているおなじみのカクテルもこのルール！

2種類でつくる簡単初級編

ベースの酒＋１種類＝２種類の材料でつくる

ベースの酒＋ベース以外の酒（A＋B）を混ぜ合わせる方法と、ベースの酒＋ジュースや甘味類などの副材料（A＋C）を混ぜ合わせる方法があります。

ベースの酒　ベース以外の酒

A + B のパターン

スモーキー・マティーニ

ゴッドファーザー（P17）
ウォッカ・ギブソン（P81）
スモーキー・マティーニ（P87）
ラスティー・ネール（P92）
キール・ロワイヤル（P115）

キール（P68）
ゴッドマザー（P85）
フレンチ・コネクション（P90）
ブラック・ルシアン（P101）

▶計**9**種類

ベースの酒　ジュース・甘味類などの副材料

A + C のパターン

ジン・トニック

キューバ・リブレ（P16）
ソルティー・ドッグ（P22）
ホーセズ・ネック（P28）
カシス・オレンジ（P52）
シェリー・トニック（P55）
ファジー・ネーブル（P62）
キティ（P68）
ミモザ（P75）
ジン・ライム（P86）
カルーア・ミルク（P96）
ホワイト・ミモザ（P117）

ジン・トニック（P20）
ブラディ・メアリー（P27）
マリブ・ビーチ（P46）
カンパリ・オレンジ（P53）
スクリュー・ドライバー（P57）
カシス・ウーロン（P67）
スプリッツァー（P71）
レッド・アイ（P77）
ニコラシカ（P89）
ホット・ブル・ショット（P109）

▶計**21**種類

混ぜ合わせる材料が３種類になると、風味豊かなカクテルに。３種類の酒だけでまとめると、アルコール度数が高めな強い味わいに仕上がります。逆に、ベースの酒と２種類の副材料を加えるパターンは、アルコール度数が低めなまろやかな仕上がりです。

3種類でつくる風味豊かなカクテル

ベースの酒＋２種類＝３種類の材料でつくる

ベースの酒＋２種類の違う酒（A＋B＋B）と、ベースの酒＋ベース以外の酒＋ジュースなどの副材料（A＋B＋C）と、ベースの酒＋２種類のジュースなどの副材料（A＋C＋C）を混ぜる方法があります。

ベースの酒　　　　ベース以外の酒２種類

ボンド・マティーニ（P91）
アフターエイト（P94）
オールド・パル（P113）

▶計3種類

 ＋  ＋ ＝

ボンド・マティーニ

ベースの酒　　　ベース以外の酒　　ジュース・甘味類などの副材料

A＋B＋Cのパターン

エックス・ワイ・ジー

 ＋  ＋  ＝

▶計21種類

エックス・ワイ・ジー（P15）
バラライカ（P26）
マルガリータ（P31）
ハーベイ・ウォールバンガー（P61）
クォーター・デッキ（P84）
ロブ・ロイ（P92）
ゴールデン・キャデラック（P98）

サイドカー（P18）
ホワイト・レディ（P28）
マンハッタン（P32）
サザン・バンガー（P70）
ジャック・ター（P86）
アレキサンダー（P95）
バーバラ（P100）

スロー・テキーラ（P21）
マティーニ（P29）
ブルー・ラグーン（P43）
カミカゼ（P83）
テキーラ・マンハッタン（P89）
グラスホッパー（P97）
ベルベット・ハンマー（P102）

ピニャ・コラーダ

ベースの酒　　ジュース・甘味類などの副材料2種類

A＋C＋C のパターン

ジャック・ローズ(P19)
ニューヨーク(P24)
ミント・ジュレップ(P32)
カイピリーニャ(P36)
テキーラ・サンセット(P41)
モヒート(P47)
コンチータ(P53)
ジン・リッキー(P56)
ソルクバーノ(P59)
ボッチ・ボール(P63)
マタドール(P74)
ホット・ウイスキー・トゥディ(P105)
カフェ・ロワイヤル(P114)

ダイキリ(P23)
マミー・テーラー(P30)
モスコミュール(P33)
チチ(P40)
ピニャ・コラーダ(P41)
アンバサダー(P50)
シー・ブリーズ(P54)
スプモーニ(P58)
テキーラ・サンライズ(P60)
マドラス(P64)
オールド・ファッションド(P82)
ホット・ドランブイ(P107)

ベイ・ブリーズ(P62)
ジン・デイジー(P70)
ギムレット(P83)
ホット・ラム・トゥディ(P110)

▶計**29**種類

美味しいカクテルをつくるルール❸

ベースの酒＋3種類を加え、混ぜ合わせる材料が4種類になると、世界観が広がり味わい深いカクテルに。4種類の材料によってコクが増し、カクテル通には、さらに味わいの魅力を深めて欲しいカクテルです。

4種類でつくる味わい深いカクテル

ベースの酒＋3種類＝4種類の材料でつくる

ベースの酒＋ベース以外の酒＋2種類のジュースなどの
副材料(A＋B＋C＋C)を混ぜ合わせる方法があります。

ベースの酒　　ベース以外の酒　　ジュース・甘味類などの副材料2種類

A＋B＋C＋C のパターン

アイスブレーカー(P14)
フローズン・ダイキリ(P44)
チャイナブルー(P72)
フローズン・ストロベリー・マルガリータ(P116)
トゥーランドット(P122)

セックス・オン・ザ・ビーチ(P39)
マリブ・ダンサー(P46)
デザート・ヒーラー(P73)
ハッピーリーフ(P124)

ブルー・ハワイ(P42)
コスモポリタン(P69)
ゴールデン・ドリーム(P99)
ワイン・クーラー(P118)

▶計**13**種類

カクテルスターターセット

カクテルの味の構造とつくり方が分かったら、いざ実践へ！
「酒は何から揃えればいいの？」とお迷いの方に
おすすめなのが、この6本のカクテルスターターセットです。

いろいろつくれるスターターセット!!

いろいろとアレンジができるおすすめのベースはこの4本。ドライ・ジン、極めてクセの少ないウォッカ、南国テイストあふれるホワイト・ラム、レモンやライムと相性抜群のホワイト・テキーラ。プラス、オレンジ風味のリキュールとドライ・ベルモットで味の世界を広げて。

ベースの酒4本　　　　　　リキュール　ドライ・ベルモット

カクテルベースの定番　　　　　　味の世界を広げる

ジン・トニック（P20）
ジン・フィズ（P20）
ホワイト・レディ（P28）
マティーニ（P29）
オレンジ・フィズ（P51）
ジン・リッキー（P56）
ジン・デイジー（P70）
ギムレット（P83）
ジン・ライム（P86）

▶計9種

ドライ・ジン
でつくれるカクテル

ソルティー・ドッグ（P22）
バラライカ（P26）
ブラッディ・メアリー（P27）
モスコミュール（P33）
チチ（P40）
シー・ブリーズ（P54）
スクリュー・ドライバー（P57）
ベイ・ブリーズ（P62）
マドラス（P64）
コスモポリタン（P69）
ウォッカ・ギブソン（P81）
ホット・ジンジャー（P106）
ホット・ブル・ショット（P109）

▶計13種

ウォッカ
でつくれるカクテル

例えば……

ジュース・甘味類
などの副材料
（1～3種類）

$+ C = 10$ 種

ソルティー・ドッグ

ブラッディ・メアリー

スクリュー・ドライバー

または

$+$

ジュース・甘味類
などの副材料
（1～2種類）

$+ C = 3$ 種

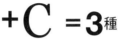

コスモポリタン

おすすめのスターターセット

★
カタログ部分の
このマークが目印!

この6本で合計37種の
カクテルをつくることができる

エックス・ワイ・ジー（P15）
キューバ・リブレ（P16）
ダイキリ（P23）
ネバダ（P24）
ラム・コリンズ（P34）
ピニャ・コラーダ（P41）
モヒート（P47）
ソルクバーノー（P59）

▶計8種

ホワイト・ラム
でつくれるカクテル

マルガリータ（P31）
アカプルコ（P36）
テキーラ・サンセット（P41）
アンバサダー（P50）
コンチータ（P53）
テキーラ・サンライズ（P60）
マタドール（P74）

▶計7種

ホワイト・テキーラ
でつくれるカクテル

合計 37 種

本書の使い方

●カクテルをつくるルールを
示しています。
Ⓐについては、ベースになる
お酒の名称を入れています。

●カクテル名

Ice Breaker……Ⓐ テキーラベース ＋Ⓑ＋Ⓒ＋Ⓒ

●アイスブレーカー

中甘口
16〜29度
シェーク

思わず会話が
グングン弾む美味しさ

★ 中辛口
16〜29度
シェーク

上から……
カクテルの味わい
辛口……
すっきりとした辛口
中辛口……
少し辛めの味
中口……
辛口と甘口の中間
中甘口……
少し甘めの味
甘口……
甘みの強い飲み口

アルコール度数
15度以下……低
16〜29度……中
30度以上……高

つくり方
ステア
シェーク
ビルド
ブレンド

★は、スターターセット
の6本でつくれるカク
テルです。

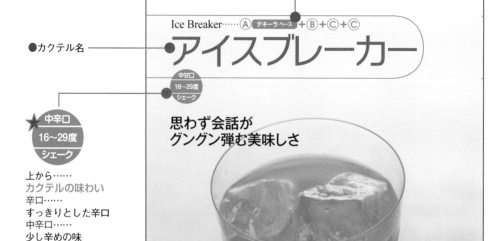

Advice
ブレンダーに材料とクラッシュ
ド・アイスを入れて、フローズ
ン・スタイルに仕上げても美味
しく楽しめる。

|| recipe ||
Ⓐホワイト・テキーラ ……… 24ml
Ⓑホワイト・キュラソー ……… 12ml
Ⓒグレープフルーツジュース … 24ml
Ⓒグレナデンシロップ ……… 1tsp

❶シェーカーに材料をすべて注ぎ入れ、
シェークする。
❷グラスにキューブド・アイスを入れ、
❶を注ぐ。

⑭

アイスブレーカーとは、氷を砕く砕氷器
のこと。転じて、緊張をほぐし、その場
の雰囲気を和やかにして打ち解けるとい
う意味も。グレープフルーツのさわやか
な味わいとテキーラのピュアな口あたりは、
会話が弾む美味しさ。

●カクテルをつくる
レシピ
材料とつくり方

●カクテル解説文

Advice

●カクテルづくりの
アドバイス

●分量表記について……
1tsp（ティースプーン）＝約5ml。
1dash（ダッシュ）＝約1ml（ビターズボトル1振り分＝4〜5滴）。

PART 1

カクテルの王道!
スタンダードを
おうちで

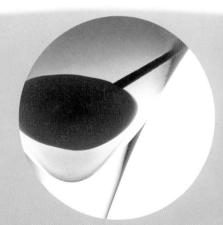

カクテルの王様といわれるものから、
有名な逸話をもつものまで、
歴史に残るスタンダードカクテルを
ピックアップ。
世界中の人に愛されてきたその味を、
まずは、自分で再現してみて。

Ice Breaker······ Ⓐ テキーラ ベース ＋Ⓑ＋Ⓒ＋Ⓒ

アイスブレーカー

中甘口
16〜29度
シェーク

思わず会話が
グングン弾む美味しさ

Advice

ブレンダーに材料とクラッシュ
ド・アイスを入れて、フローズ
ン・スタイルに仕上げても美味
しく楽しめる。

recipe

Ⓐホワイト・テキーラ ………… 24ml
Ⓑホワイト・キュラソー ……… 12ml
Ⓒグレープフルーツジュース … 24ml
Ⓒグレナデンシロップ………… 1tsp

❶シェーカーに材料をすべて注ぎ入れ、
　シェークする。
❷グラスにキューブド・アイスを入れ、
　❶を注ぐ。

アイスブレーカーとは、氷を砕く砕氷器
のこと。転じて、緊張をほぐし、その場
の雰囲気を和やかにして打ち解けるとい
う意味も。グレープフルーツのさわやか
な味わいとテキーラのピュアな口あたりは、
会話が弾む美味しさ。

X.Y.Z……Ⓐ ラム ベース ＋Ⓑ＋Ⓒ

エックス・ワイ・ジー

★中辛口
16〜29度
シェーク

アルファベットが綴られたユニークなネーミング。その意味は、X.Y.Zがアルファベットの最後であることから、「これ以上のものはない！」という意味合いが込められている究極のカクテル。さわやかさを凝縮させた一杯。

オレンジ＆レモン風味ですっきりながら美しく主張

Advice

オレンジとレモンのさっぱりとした酸味が軽快で、食欲がそそられる。ベースをブランデーに替えると、「サイドカー」になる。

recipe

Ⓐホワイト・ラム………………30ml
Ⓑホワイトキュラソー…………15ml
Ⓒレモンジュース………………15ml

❶シェーカーに材料をすべて注ぎ、キューブド・アイスを入れる。
❷シェークしてグラスに注ぐ。

Cuba Libre…… Ⓐ ラムベース ＋Ⓒ
キューバ・リブレ

★ 中甘口
15度以下
ビルド

コーラの炭酸がのどをすっきり通り、夏の暑い午後にぴったり
なリフレッシュできるカクテル。20世紀初頭、キューバがス
ペインから独立した民族闘争の合言葉〝Viva Cuba Libre！〟
から生まれたカクテル。

ラムの甘い香りとライムの
さわやかな風味がマッチ

Advice

ベースをダーク・
ラムに替えると
より濃厚になる。

recipe

Ⓐホワイト・ラム ……………… 45ml
Ⓒコーラ ……………………………適量
カットライム…………………………1個

①グラスにキューブド・アイスを入れ、
　ホワイト・ラムを注ぐ。
②①にコーラを満たして、ステアする。
③カットライムを入れる。

Godfarther ⋯⋯ Ⓐ ウィスキー ベース ＋ Ⓑ

ゴッドファーザー

中甘口
30度以上
ビルド

世界的映画監督、フランシス・F・コッポラの70年代を代表する大作映画『ゴッドファーザー』。映画にちなんで生まれたのがこのカクテル。余韻が深いウィスキーに、香ばしいアーモンドの香りがするアマレット・リキュールが混じり合った大人のカクテル。

リキュールの芳しさと
ウィスキーが見事に共鳴

Advice

アマレット・リキュールの分量を替えることで、甘みのバランスが調節できる。

recipe

Ⓐ スコッチ・ウィスキー ⋯⋯ 45ml
Ⓑ リキュール(アマレット) ⋯⋯ 15ml

❶ グラスにキューブド・アイスを入れ、材料をすべて注ぎ、軽くステアする。

サイドカー

中辛口
16〜29度
シェーク

フルーツの甘ずっぱさと
ブランデーのコクに感嘆

オレンジの元気な色合いが目に
も美味しそうな、古くから人気
のあるスタンダードカクテル。
ブランデー、ホワイトキュラ
ソー、レモンジュースのコクと
甘さと酸味のハーモニーが絶妙。
ジューシーでふくよかな味わい
は、女性好みのキュートな一杯。

Advice

シェークするとき、スライスオ
レンジを1枚入れると、さわや
かさがアップする。

recipe

Ⓐブランデー……………… 30ml
Ⓑホワイトキュラソー……… 15ml
Ⓒレモンジュース…………… 15ml

❶シェーカーに、材料をすべて注ぎ、
　キューブド・アイスを入れる。
❷シェークしてグラスに注ぐ。

Jack Rose……Ⓐ ブランデーベース ＋ Ⓒ ＋ Ⓒ

ジャック・ローズ

中甘口
16〜29度
シェーク

PART1 カクテルの王道！　スタンダードをおうちで

アップル・ブランデーと
グレナデンの甘美な香り

Advice

フランスのノルマンディーでつくられるリンゴのブランデー、カルヴァドスは、食後のチーズやシガーとの相性もいい。

recipe

Ⓐアップル・ブランデー
　（カルヴァドス）……………… 30ml
Ⓒライムジュース……………… 15ml
Ⓒグレナデンシロップ………… 15ml

❶シェーカーに材料をすべて注ぎ、キューブド・アイスを入れる。
❷シェークしてグラスに注ぐ。

アップル・ブランデーをベースにしたカクテル。アメリカではアップル・ジャック。フランス・ノルマンディ地方ではカルヴァドスと呼ぶ。ジャック・ローズとは、〝アップル・ジャックでつくった、ローズのような色合いのカクテル〟というのがネーミングの由来。

⑲

Zin&Tonic…… Ⓐ ジンベース ＋Ⓒ
ジン・トニック

★ 中口
15度以下
ビルド

ドライ・ジンのキリっとした口あたりと、フレッシュライムのさわやかな風味がマッチ。さらに、トニックウォーターのほんのり感じる甘味がしなやかに溶け込んで飲みやすい。

recipe
Ⓐドライ・ジン ……………………… 45ml
Ⓒトニック・ウォーター ………… 適量
　カットライム……………………… 1個

❶グラスにキューブド・アイスを入れ、ドライ・ジンを注ぐ。
❷カットライムを搾り入れ、冷えたトニック・ウォーターで満たし、軽くステアする。

Gin Fizz…… Ⓐ ジン ベース ＋Ⓒ＋Ⓒ＋Ⓒ
ジン・フィズ

★ 中口
15度以下
シェーク

ジンの独特な清涼感にソーダの爽快感とさっぱりしたレモンが調和したクールな一杯。みずみずしい口あたりは、やみつきになる美味しさ。

recipe
Ⓐドライ・ジン …………………………45ml
Ⓒレモンジュース 　………………20ml
Ⓒ砂糖 ……………………………… 2tsp
Ⓒソーダ……………………………… 適量
　スライスレモン…………………… 1枚

❶シェーカーにドライ・ジン、レモンジュースを注ぎ、砂糖、キューブド・アイスを入れシェークする。
❷グラスにキューブド・アイスを入れ、❶を注ぐ。
❸❷を冷えたソーダで満たし、軽くステアしてスライスレモンを入れる。

Sloe Tequila…… Ⓐ テキーラベース ＋ Ⓑ ＋ Ⓒ
スロー・テキーラ

中辛口
16〜29度
シェーク

骨太のテキーラにスロー・ジンの甘ずっぱさが
調和した、ほんのり甘くて後口がキレのよいカ
クテル。キュウリはテキーラのクセを軽やかに
するので、飾りのスティックキュウリを少しず
つかじりながらカクテルをじっくり味わって。

ラテンの気分で
陽気に飲みたい一杯

recipe
Ⓐホワイト・テキーラ ………… 30ml
Ⓑスロー・ジン ……………… 15ml
Ⓒレモンジュース …………… 15ml
　スティックキュウリ………… 1本

❶シェーカーに飾り以外の材料をす
　べて注ぎ、キューブド・アイスを入れ、
　シェークする。
❷グラスにクラッシュド・アイスを詰
　め、❶を注ぐ。
❸スティックキュウリを飾る。

Advice

ベースをウォッカに替えても楽
しめる。キュウリはマドラー代
わりにも。

21

ソルティー・ドッグ

★中辛口
16〜29度
ビルド

ウォッカにグレープフルーツジュースを割ったシンプルなカクテル。味わい深いスノースタイルは、家でも楽しんで飲んで欲しい一杯。塩気を感じながら、のどをすべり落ちるグレープフルーツの酸味とキリっとしたウォッカの感覚が快い。

塩が味わいを引きしめる
クセになる魅惑酒

recipe

Ⓐウォッカ ……………………… 45ml
Ⓒグレープフルーツジュース…… 適量
　塩(スノースタイル用)………… 適量

❶グラスの縁に塩をつけてスノースタイルにしておく。
❷グラスにキューブド・アイスを入れ、ウォッカを注ぐ。
❸❷を冷えたグレープフルーツジュースで満たし、軽くステアする。

Advice
ふた口目からは、自分の好みで塩気を加減しながら味わって。塩はグラスの中に落とし入れて飲んでもかまわない。

22

Daiquiri······ Ⓐ ラム ベース ＋Ⓒ＋Ⓒ

ダイキリ

★中辛口
16〜29度
シェーク

口に含んだ瞬間、キレのある心地よい酸味がスーッとのどにしみ渡る大人向けの味わい。ふんわりとラムが漂う甘さを控えたドライな仕上がりは、暑い夏にぴったりな通好みの美味しさ。気分もリフレッシュしてくれるさわやかな一杯。

飲み飽きることのない キレのある美味しさ

Advice

ブレンダーに材料とクラッシュド・アイスを入れ、フローズン・スタイルに仕上げれば、舌ざわりがよい味わいも楽しめる。

recipe

Ⓐホワイト・ラム ·············· 45ml
Ⓒライムジュース·············· 15ml
Ⓒ砂糖 ·························· 1tsp

❶シェーカーに材料をすべて注ぎ、砂糖、キューブド・アイスを入れる。
❷シェークしてグラスに注ぐ。

New York …… Ⓐ ウィスキー ベース ＋Ⓒ＋Ⓒ
ニューヨーク

中辛口
16〜29度
シェーク

ほろ苦さがあるライ・ウィスキーと
酸味のあるライムジュースは相性抜
群。グレナデンシロップのほのかな
甘味も相まって、甘ずっぱく飲みや
すい仕上がり。

recipe

Ⓐライ・ウィスキー
　またはバーボン…………………… 45ml
Ⓒライムジュース ……………… 15ml
Ⓒグレナデンシロップ ………… 1tsp
　オレンジピール………………… 適量

❶シェーカーにライ・ウィスキー、ライム
　ジュースを注ぎ、グレナデンシロップ、
　キューブド・アイスを入れ、シェークする。
❷グラスに❶を注ぎ、オレンジピールを振
　りかける。

Nevada …… Ⓐ ラム ベース ＋Ⓒ＋Ⓒ＋Ⓒ＋Ⓒ
ネバダ

★ 中辛口
16〜29度
シェーク

発祥は名の通り、アメリカ西部の乾
燥地帯であるネバダ州。涼しさを呼
び込むドリンクとして考案されたカ
クテル。ほどよい酸味と甘味が口の
中を駆け抜ける。暑い夏にぴったり。

recipe

Ⓐホワイト・ラム …………………36ml
Ⓒライムジュース …………………12ml
Ⓒグレープフルーツジュース………12ml
Ⓒ砂 糖 ……………………………1tsp
Ⓒアンゴスチュラ・ビターズ …… 1 dash

❶シェーカーにホワイト・ラム、ライム
　ジュース、グレープフルーツジュース
　を注ぎ、砂糖、アンゴスチュラ・ビターズ、
　キューブド・アイスを入れる。
❷シェークしてグラスに注ぐ。

Harvard Cooler……(A) ブランデー ベース ＋(C)＋(C)＋(C)
ハーバード・クーラー

中辛口
15度以下
シェーク

レモンジュースと砂糖の甘ずっぱい味わいが、重厚なアップル・ブランデーにまろやかに溶け合い、さらに爽快感あふれるソーダが涼しさを加速。遊び心いっぱいのバランスよいカクテル。カルヴァドスをカジュアルに満喫して。

遊びが効いた
カルヴァドスの新定番

recipe

(A) アップル・ブランデー
　　（カルヴァドス）…………… 45ml
(C) レモンジュース ……………… 20ml
(C) 砂糖………………………… 1tsp
(C) ソーダ……………………… 適量

❶ シェーカーにアップル・ブランデー、レモンジュースを注ぎ、砂糖、キューブド・アイスを入れ、シェークする。
❷ グラスにキューブド・アイスを入れ、❶を注ぐ。
❸ 冷えたソーダを満たし、ステアする。

Advice

レモンピールを振りかけ、そのまま沈めると、よりすっきりした味わいに仕上がる。

Balalaika······ Ⓐ ウォッカ ベース ＋Ⓑ＋Ⓒ
バラライカ

★ 中辛口
16〜29度
シェーク

美味しさの隠し味は
オレンジとレモン

キリっとしたウォッカにホワ
イトキュラソーとレモンジュー
スの甘ずっぱいハーモニーが
心地よい。バラライカとは三
角形の形をしたギターに似た
ロシアの弦楽器のこと。

Advice

ベースをブランデーに替えると、
「サイドカー」に。ドライ・ジ
ンに替えると、「ホワイト・レ
ディ」になる。

recipe

Ⓐウォッカ······················· 30ml
Ⓑホワイトキュラソー··········· 15ml
Ⓒレモンジュース··············· 15ml

❶シェーカーに材料をすべて注ぎ、
　キューブド・アイスを入れる。
❷シェークしてグラスに注ぐ。

Bloody Mary······ Ⓐ ウォッカ ベース + Ⓒ

ブラッディ・メアリー

★ 中口
16〜29度
ビルド

元気がでそうなトマトジュースを使ったヘルシーなカクテル。好みで、ブラックペッパー、タバスコ、ウスターソース、レモンジュースなどをプラスして、味を調節しながら楽しんで。スープ感覚で、思わずゴクゴク飲めてしまう美味しさ。

カクテルでビタミン、ミネラル、リコピンを補給

Advice

ハマグリエキスの入ったトマトジュース（クラマト・ジュース）に替えると、スープ感がアップする。「ブラック・シーザー」というカクテルになる。

recipe

Ⓐウォッカ··················· 45ml
Ⓒトマトジュース·················適量
　スティックセロリ···············適量
　カットレモン·····················1個

❶グラスにウォッカ注ぎ、冷えたトマトジュースを満たす。
❷スティックセロリ、カットレモンを飾る。

※好みで、ブラックペッパー、タバスコ、ウスターソースを加える。

PART1　カクテルの王道！　スタンダードをおうちで

Horse's Neck······ Ⓐ ブランデー ベース ＋Ⓒ

ホーセズ・ネック

中口
15度以下
ビルト

ネーミングの由来は、らせん状
にむいたレモンの皮が馬の首に
見えることから名づけられたと
いう。ベースは好みで、ウィス
キーやジン、ラムなどに替えて
味の幅を楽しんで。

recipe

Ⓐブランデー······························45ml
Ⓒジンジャーエール····················適量
　レモンピール························適量

❶レモンの皮は1cm幅のらせん状にむい
　て、グラスの中へ入れ、端は縁にかける。
❷❶にキューブド・アイスを入れ、ブラン
　デーを注ぐ。
❸冷えたジンジャーエールを満たし、軽
　くステアする。

White Lady······ Ⓐ ジン ベース ＋Ⓑ＋Ⓒ

ホワイト・レディ

★ 中辛口
16〜29度
シェーク

「白い貴婦人」という名のごとく、
白く透き通った仕上がりはとっても
エレガント。ドライ・ジンにホワイ
トキュラソーの甘さとレモンの酸味
が上品に溶け合い、飲みやすく、後
味もすっきり。

recipe

Ⓐドライ・ジン ·····················30ml
Ⓑホワイトキュラソー ·············15ml
Ⓒレモンジュース·····················15ml

❶シェーカーに材料をすべて注ぎ、キュー
　ブド・アイスを入れる。
❷シェークしてグラスに注ぐ。

Martini …… Ⓐ ジン ベース ＋Ⓑ＋Ⓒ

マティーニ

★ 辛口
30度以上
ステア

カクテルの王様といわれ、君主の座にとどまるマティーニ。しかし、つくり方はドライ・ジンとドライ・ベルモットだけのシンプルなレシピ。その人気の秘密は、素材の香りと味が繰り広げる深い世界観。厚みのある味わいを自分の舌で確かめて。

シンプルだけど不動の
キング・オブ・カクテル

recipe

Ⓐドライ・ジン …………………… 45ml
Ⓑドライ・ベルモット ………… 15ml
Ⓒオレンジ・ビターズ ……… 1dash
　レモンピール……………………適量
　オリーブ…………………………1個

❶ミキシンググラスにキューブド・アイスを入れ、ドライ・ジン、ドライ・ベルモットを注ぎ、オレンジビターズを入れ、ステアする。
❷グラスに❶を注ぎ、レモンピールを搾りかける。
❸カクテルピンにオリーブを刺し、グラスに沈める。

Advice

材料がシンプルなので、好みに合わせて配合量をアレンジして、自分だけのオリジナルな味を追求してみては。

29

Mamie Taylor……Ⓐ ウィスキー ベース ＋Ⓒ＋Ⓒ

マミー・テーラー

中甘口
15度以下
ビルド

レモンジュースのさわやかな酸味とジンジャーエールの清涼感がスコッチ・ウィスキーの風味を引き立たせ、ゴクゴク飲みたくなる一杯。飲み飽きないやさしい口あたりは、おしゃべりが弾む楽しいひと時の主役にぴったり。

飲みすぎてしまうほど
後を引く美味しさ

Advice

レモンとジンジャーエールは、どんなスピリッツとも相性抜群。ベースをドライ・ジンやホワイト・ラムに替えて、いろいろな風味を楽しんで。

recipe

Ⓐスコッチ・ウィスキー ……… 45ml
Ⓒレモンジュース…………… 20ml
Ⓒジンジャーエール……………適量

❶グラスにキューブド・アイスを入れ、スコッチ・ウィスキー、レモンジュースを注ぐ。
❷❶を冷えたジンジャーエールで満たし、軽くステアする。

Margarita……Ⓐ テキーラベース ＋Ⓑ＋Ⓒ

マルガリータ

★辛口
16〜29度
シェーク

基本のレシピを守って
王道の味を再現して

Advice

ブレンドして、フローズンスタイルにしても美味しい。

グラスの縁の塩が、柑橘系の香りと酸味をきりっと締める。マルガリータとは、女性の名前で、ロサンゼルスのバーテンダーが亡くなった恋人に捧げた一杯。

recipe

Ⓐホワイト・テキーラ …………30ml
Ⓑホワイトキュラソー…………15ml
Ⓒライムジュース……………15ml
　塩(スノースタイル用)………適量

❶グラスの縁に塩をつけてスノースタイルにしておく。
❷シェーカーに材料をすべて注ぎ、キューブド・アイスを入れる。
❸シェークしてグラスに注ぐ。

Manhattan …… Ⓐ ウィスキー ベース ＋Ⓑ＋Ⓒ
マンハッタン

中口
30度以上
ステア

琥珀色のグラスに真っ赤なチェリー
が沈められたスウィートな情景。口
あたりは見た目の印象とは違い、ス
ウィートベルモットのふくよかな香
りが調和した、洗練された大人の味。

recipe
Ⓐライ・ウィスキーまたはバーボン ………………… 45ml
Ⓑワイン（スウィート・ベルモット） ………………… 15ml
Ⓒアンゴチュラ・ビターズ ………………………… 1dash
　マラスキーノチェリー…………………………………1個
　レモンピール………………………………………適量

❶ミキシンググラスにキューブド・アイスを入れ、ライ・ウィ
　スキー、スウィート・ベルモットを注ぎ、アンゴチュラ・ビター
　ズを入れ、ステアする。
❷グラスに❶を注ぎ、マラスキーノチェリーをカクテルピン
　に刺してグラスの中へ沈める。
❸レモンピールを搾りかける。

Mint Julep …… Ⓐ ウィスキー ベース ＋Ⓒ＋Ⓒ
ミント・ジュレップ

中甘口
16〜29度
ビルト

ジュレップはアメリカ南
部に古くから伝わるさわ
やかなドリンクで、初夏
に開かれるケンタッキー・
ダービーの名物カクテル。
散りばめたミントの葉が、
口の中で爽快に広がる。

recipe
Ⓐバーボン・ウィスキー ………… 60ml
Ⓒ砂糖 ………………………… 2tsp
Ⓒソーダ ……………………… 2tsp
　ミントの葉…………………… 適量

❶グラスに砂糖、ソーダ、ミントの葉を入れ、ペストル※で軽く
　潰す。
❷❶にクラッシュド・アイスを詰め、バーボン・ウィスキーを注ぐ。
❸カップに霜がつくまでステアして、ミントの葉を飾る。

 ※フルーツや葉を潰す擦りこぎ棒。

Moscow Mule …… Ⓐ ウォッカ ベース ＋ⓒ＋ⓒ

モスコミュール

★ 中口
15度以下
ビルド

爽快な飲み口を代表するモスコミュール。ラバのひと蹴りのような強いウォッカを使うことから、「モスクワのラバ」と呼ばれる。ライムの酸味とジンジャーの辛味をうまく引き出した、飲みやすい仕上がり。

ジンジャービアを使って さらなる美味に

recipe

Ⓐウォッカ……………………… 45ml
ⓒライムジュース……………… 15ml
ⓒジンジャービア………………適量
カットライム…………………1個
ミントの葉………………………適量

❶マグカップにキューブド・アイスを入れ、ウォッカ、ライムジュースを注ぐ。
❷❶をジンジャービアで満たし、軽くステアする。
❸カットライムを入れ、ミントの葉を飾る。

Advice

ミントの葉を飾ることで、より清涼感がアップする。

Rum Collins …… Ⓐ ラム ベース + Ⓒ + Ⓒ + Ⓒ

ラム・コリンズ

★ 中口
16～29度
シェーク

キラキラと光り輝く透き通った色味は、思わず喉が鳴ってしまいそう。ソーダの爽快感とさっぱりとした甘さが絶妙。コリンズとは、ロンドンの伝説的ウエイター、ジョン・コリンズの名前から。グラスは、キンキンに冷やして清涼感の演出もたっぷりと。

夏の暑い日にゴクッと飲みたくなる一杯

Advice

ベースのホワイト・ラムをドライ・ジンに替えると、ドライな口あたりの「トム・コリンズ」になる。

recipe

Ⓐホワイト・ラム	45ml
Ⓒレモンジュース	20ml
Ⓒ砂糖	2tsp
Ⓒソーダ	適量
スライスレモン	1枚
マラスキーノチェリー	1個

❶シェーカーにホワイト・ラム、冷えたレモンジュースを注ぎ、砂糖、キューブド・アイス入れ、シェークする。

❷❶をグラスに注ぎ、ソーダで満たして軽くステアする。

❸スライスレモンとマラスキーノチェリーをカクテルピンに刺して飾る。

PART 2

南国へタイプトリップ!
絶品トロピカル
テイスト

パイナップルやココナッツミルクなどを使い、
トロピカルフルーツをデコレートした
南国ムードあふれるカクテルをご紹介。
太陽の光が似合うキラキラしたグラスで、
休日の昼間から楽しんでみては。

Acapulco······Ⓐテキーラ ベース ＋Ⓑ＋Ⓒ＋Ⓒ＋Ⓒ
アカプルコ

★ 中口
16～29度
シェーク

ラム・ベースの代表的なカクテル。ココ
ナッツミルクの甘い香りとフルーティな風
味が鼻孔をくすぐる。ワクワクするような
気分を味わえる夏にぴったりなカクテル。

recipe
Ⓐホワイト・テキーラ ……………30ml
Ⓑホワイト・ラム ………………30ml
Ⓒパイナップルジュース…………60ml
Ⓒグレープフルーツジュース………30ml
Ⓒココナッツミルク………………30ml
　カットパイン………………………1個
　デンファレ、マラスキーノチェリー… 適量

❶シェーカーに飾り以外の材料をすべて注ぎ、
　キューブド・アイス入れ、シェークする。
❷グラスにクラッシュド・アイスを詰め、❶を注ぐ。
❸カットパインとマラスキーノチェリーをカクテ
　ルピンに刺す。❸とデンファレを飾る。

Caipirinha······Ⓐ ラム ベース ＋Ⓒ＋Ⓒ
カイピリーニャ

中口
16～29度
ビルド

ブラジルの国民酒、ピンガを使用。
ラムよりも酒質が重めなのが特徴。
ピンガを使って、より地酒風に風
味を楽しんで。ライムを口に含み
ながら飲むのもいい。

recipe
Ⓐピンガ ……………………………60ml
Ⓒライム………………………………1/2個
Ⓒ砂糖 ………………………………3tsp

❶適度にカットしたライムと砂糖をグラ
　スに入れ、ペストル※で潰す。
❷❶にピンガを注ぎ、クラッシュド・アイ
　スを入れ、ステアする。

※フルーツや葉を潰す擦りこぎ棒。

Gulf Stream……Ⓐ ウォッカ ベース ＋Ⓑ＋Ⓑ＋Ⓒ＋Ⓒ

ガルフ・ストリーム

中口
16〜29度
シェーク

ガルフ・ストリームとはメキシコ湾流という意味。カリブ海を想わせるクリアブルーが美しいおしゃれなカクテル。ウォッカにフルーティな風味が溶け合った、口あたりのいい一杯。ピーチ・リキュールの甘い香りが広がるやさしい仕上がり。

まぶたを閉じると
カリブ海が目に浮かぶ!?

recipe
Ⓐウォッカ ………………… 12ml
Ⓑリキュール(ピーチ)………12ml
Ⓑブルーキュラソー …………12ml
Ⓒグレープフルーツジュース…24ml
Ⓒパイナップルジュース………12ml

❶シェーカーに材料をすべて注ぎ、キューブド・アイスを入れ、シェークする。
❷グラスにキューブド・アイス入れ、❶を注ぐ。

Advice

大きめの氷を入れるので、オン・ザ・ロックに使われる広口タイプのグラスがふさわしい。

Scorpion……

スコーピオン

中辛口
16〜29度
シェーク

さそり座のあの人と 一緒に飲みたい一杯

さそり座という意味のスコーピオン。誕生石の黄色に輝くトパーズをイメージしてつくられた、ハワイ生まれのロマンティックなカクテル。ホワイト・ラム＆ブランデーのしっかりしたベースなのに、飲み口はとってもさわやかでジューシー。

recipe

Ⓐホワイト・ラム ……………… 45ml
Ⓑブランデー…………………… 30ml
Ⓒオレンジジュース………… 20ml
Ⓒレモンジュース…………… 20ml
Ⓒライムジュース…………… 15ml
マラスキーノチェリー………… 1個
スライスライム………………… 1枚
スライスレモン………………… 1枚

❶シェーカーに飾り以外の材料をすべて注ぎ、キューブド・アイスを入れ、シェークする。
❷グラスにクラッシュド・アイスを詰め、❶を注ぐ。
❸マラスキーノチェリー、スライスライム、スライスレモンをカクテルピンに刺して飾る。

Advice

南国情緒なトロピカルフルーツの飾り以外に、ミントの葉なども相性がいい。

Sex on the Beach……Ⓐ ウォッカ ベース ＋Ⓑ＋Ⓒ＋Ⓒ

セックス・オン・ザ・ビーチ

中甘口
15度以下
シェーク

Advice

メロン・リキュールを使用する
レシピもある。

recipe

Ⓐウォッカ ……………………… 30ml
Ⓑリキュール(ピーチ)………… 10ml
Ⓒクランベリージュース……… 30ml
Ⓒパイナップルジュース……… 20ml
カットオレンジ………………… 1個
カットパイン…………………… 1個
マラスキーノチェリー………… 1個
デンファレ……………………適量

❶ピーチ・リキュール以外の材料を
シェーカーに注ぎ、キューブド・ア
イスを入れ、シェークする。
❷グラスにクラッシュド・アイスを詰
め、❶を注ぐ。
❸カクテルの上に、ピーチ・リキュー
ルをフロートし、カットパインやマ
ラスキーノチェリーなどを飾る。

活気づけられる
魅力のフレーバー

いまや、スタンダートなカクテ
ルのひとつ。インパクトのある
ネーミングと相反する、さっぱ
りした甘さで飲みやすい。ウォッ
カベースにフルーツジュースの
甘味が溶け合った、トロピカル
なフレーバー。フロートの遊び
がある演出も楽しい。

Chi-Chi……Ⓐ ウォッカ ベース +Ⓒ+Ⓒ

チチ

★ 甘口
15度以下
シェーク

ハワイ生まれのトロピカルドリンクのスタンダード。そもそも、「chi-chi」の発音は、「シシ」が正解で、「スタイリッシュな」という意味をもつアメリカのスラングからきている。ココナッツの風味とフルーツ果汁が、飲んだ瞬間に南国気分を誘う。

Advice

ココナッツミルクの代わりに、
生クリームを代用してもよい。

アルコール初心者に まずおすすめしたい

recipe

Ⓐウォッカ…………………… 30ml
Ⓒパイナップルジュース……… 80ml
Ⓒココナッツミルク………… 45ml
　カットパイン…………………1個
　マラスキーノチェリー…………1個
　デンファレ……………………適量

❶シェーカーに飾り以外の材料をすべて注ぎ、キューブド・アイスを入れ、シェークする。
❷グラスにクラッシュド・アイスを詰め、❶を注ぐ。
❸カクテルピンにカットパインとマラスキーノチェリーを刺す。
❹デンファレを飾る。

Tequila Sunset…… Ⓐ テキーラ ベース ＋Ⓒ＋Ⓒ
テキーラ・サンセット

★ 中口
15度以下
ブレンド

酸味が効いたレモンジュースと甘い
グレナデンシロップがバランスよく
調和。見た目はスウィートな世界観
を想わせるが、テキーラのキレが
しっかりと効いた、クリアな味わい。

recipe

Ⓐホワイト・テキーラ ………………30ml
Ⓒレモンジュース………………………30ml
Ⓒグレナデンシロップ………………1tsp
　スライスレモン……………………… 1枚

❶ブレンダーに飾り以外の材料をすべて注
　ぎ、グレナデンシロップ、クラッシュド・
　アイスを入れ、ブレンドする。
❷グラスに❶を注ぎ、スライスレモンを飾る。

Piña Colada…… Ⓐ ラム ベース ＋Ⓒ＋Ⓒ
ピニャ・コラーダ

★ 甘口
15度以下
シェーク

ピニャ・コラーダとは、スペイン語
でパイナップル畑のこと。ホワイト・
ラムとパイナップルジュースとココ
ナッツミルクのまろやかなハーモニー
は、一瞬に心を奪われる豊かな味わい。

recipe

Ⓐホワイト・ラム ……………………30ml
Ⓒパイナップルジュース……………80ml
Ⓒココナッツミルク…………………45ml
　カットパイン………………………… 1個
　マラスキーノチェリー……………… 1個
　デンファレ………………………… 適量

❶シェーカーに飾り以外の材料をすべて注ぎ、キューブド・ア
　イスを入れ、シェークする。
❷グラスにクラッシュド・アイスを詰め、❶を注ぐ。
❸カクテルピンにカットパインとマラスキーノチェリーを刺す。
❹デンファレを飾る。

Blue Hawaii······ Ⓐ ラムベース ＋Ⓑ＋Ⓒ＋Ⓒ
ブルー・ハワイ

中口
15度以下
シェーク

ハワイのさわやかな
海と空をグラスに凝縮

*A*dvice

レモンジュースをココナッツミルクに替えると、「ブルー・ハワイアン」になる。

エルビス・プレスリーの名作「ブルーハワイ」のヒットが、このカクテル誕生のいわれ。ハワイの美しい紺碧の海と空を感じさせるマリンブルーが魅力。目を引く爽快なカラーとクラッシュド・アイスがより清涼感を演出する。

recipe

Ⓐホワイト・ラム ················ 30ml
Ⓑブルー・キュラソー ··········· 15ml
Ⓒパイナップルジュース········· 30ml
Ⓒレモンジュース················ 15ml
カットパイン···················· 1個
マラスキーノチェリー··········· 1個
カットオレンジ················· 1個
デンファレ·····················適量

❶シェーカーに飾り以外の材料をすべて注ぎ、キューブド・アイスを入れ、シェークする。
❷グラスにクラッシュド・アイスを詰め、❶を注ぐ。
❸カットパインとマラスキーノチェリーをカクテルピンに刺す。
❹カットオレンジ、デンファレを飾る。

Blue Lagoon……Ⓐ ウォッカ ベース ＋Ⓑ＋Ⓒ

ブルー・ラグーン

中辛口
16〜29度
シェーク

冴えのあるのど越しで 元気をチャージ！

recipe

Ⓐウォッカ	……………………	30ml
Ⓑブルー・キュラソー	…………	20ml
Ⓒレモンジュース	………………	20ml
カットオレンジ	………………	1個
マラスキーノチェリー	…………	1個
スライスレモン	…………………	1枚
デンファレ	………………………	適量

❶シェーカーに飾り以外の材料をすべて注ぎ、キューブド・アイスを入れ、シェークする。

❷グラスにクラッシュド・アイスを詰め、❶を注ぐ。

❸カットオレンジとマラスキーノチェリーをカクテルピンに刺す。

❹スライスレモン、デンファレを飾る。

「青い湖（湾）」という意味をもつ美しいクリアブルーが、飲む人のテンションを上げる夏御用達カクテル。レモンジュースのすっきりした酸味が際立ち、飲んだときにのどで透明感を味わえる。太陽を浴びたような元気な気持ちになれる一杯。

Advice

グラスは表面が白く凍るぐらい冷やしておくと、クールな演出をより醸し出せる。

43

Frozen Daiquiri…… Ⓐ ラムベース ＋Ⓑ＋Ⓒ＋Ⓒ
フローズン・ダイキリ

中口
15度以下
ブレンド

ダイキリをシャーベット状
にしたもの。甘さ控えめの
ドライな仕上がりは、世界
中から愛されている一杯。
シャリシャリとした涼やか
な舌ざわりがクセになり、
つい飲みすぎてしまいそう。
ヘミングウェイは砂糖を抜
いて愛飲していたという説も。

Advice

クラッシュド・アイスは少なめ
に入れ、味の確認をしながら足
していくのがベスト。

ヘミングウェイが愛した グレートカクテル

Ⓐホワイト・ラム ……………… 40ml
Ⓑリキュール（マラスキーノ）…1tsp
Ⓒライムジュース……………… 10ml
Ⓒ砂糖 ……………………………1tsp
スライスライム………………… 1枚
ミントの葉…………………… 適量

❶ブレンダーに飾り以外の材料をすべ
て注ぎ、クラッシュド・アイスを入れ、
ブレンドする。
❷グラスに❶を注ぎ、スライスライム、
ミントの葉を飾る。

Mai-Tai······ Ⓐ ラム ベース ＋Ⓑ＋Ⓑ＋Ⓒ＋Ⓒ＋Ⓒ

マイタイ

中辛口
16〜29度
シェーク

タヒチ語で「最高」という意味で、これ以上ない
という賞賛の言葉。ホワイト・ラムとパイン、オ
レンジ、レモンが織り成す甘美のフレーバーは、
無敵のトロピカルカクテル。口にした瞬間、南国
にさらわれていくような夢心地を味わって。

recipe

Ⓐホワイト・ラム ················ 45ml
Ⓑオレンジ・キュラソー ········· 1tsp
Ⓑダーク・ラム ···················· 2tsp
Ⓒパイナップルジュース ········ 2tsp
Ⓒオレンジジュース ·············· 2tsp
Ⓒレモンジュース ················ 1tsp
　カットパイン ···················· 1個
　カットオレンジ ················· 1個
　マラスキーノチェリー ········· 1個
　デンファレ ······················ 適量

❶シェーカーにダーク・ラムと飾り以外の
　材料をすべて入注ぎ、キューブド・アイス
　を入れ、シェークする。
❷グラスにクラッシュド・アイスを詰め、❶
　を注ぎ、ダーク・ラムをフロートする。
❸カットパインとマラスキーノチェリーを
　カクテルピンに刺す。
❹カットオレンジ、デンファレを飾る。

PART 2

南国へタイプトリップ！　絶品トロピカルテイスト

飲みごたえたっぷり
この上ない南国の美酒

Advice

アルコール度が強い場合は、パ
イナップルジュースやオレンジ
ジュースの量を多くして、飲み
やすい味に調節を。

45

Malibu Dancer……Ⓐ リキュール ベース + Ⓑ + Ⓒ + Ⓒ
マリブ・ダンサー

甘口
15度以下
ビルド

甘味のあるココナッツ・リキュールと酸味のあるグレープフルーツ、レモンジュースがほどよく溶け合った、フルーティなカクテル。太陽の光を浴びているような開放感あふれる味わい。

recipe

Ⓐリキュール（マリブ）……………30ml
Ⓑチェリー・ブランデー……………1tsp
Ⓒグレープフルーツジュース………80ml
Ⓒレモンジュース……………………20ml

❶グラスにキューブド・アイスを入れ、マリブ、レモンジュースを注ぎ、グレープフルーツジュースで満たし、軽くステアする。
❷バースプーンの背を使い、チェリー・ブランデーを静かに沈める。

Malibu Beach……Ⓐ リキュール ベース + Ⓒ
マリブ・ビーチ

甘口
15度以下
ビルド

ベースは、厚みのあるココナッツ風味が特徴のリキュール、マリブを使用。メリハリのある香味バランスが飲む人の高揚感を上げる。濃厚な甘味が口いっぱいに広がる。

recipe

Ⓐリキュール（マリブ）……………30ml
Ⓒオレンジジュース…………………適量
　カットオレンジ……………………1個
　マラスキーノチェリー……………1個

❶グラスにキューブド・アイスを入れる。
❷❶にマリブを注ぎ、冷えたオレンジジュースを満たし、軽くステアする。
❸カットオレンジにマラスキーノチェリーをカクテルピンに刺して飾る。

Mojito······ ラムベース ＋©＋©

モヒート

★ 中辛口
16〜29度
ビルド

ビーチに出かけたような
気分になれる飲み口

ヘミングウェイが愛飲したもうひとつのカクテル。ミントの清涼感とほんのり感じる甘味が絶妙。ミントの葉を潰すのと、砂糖を溶かす工程は手がかかるという人は、モヒートが簡単につくれるミントシロップが市販されているので、取り入れてみては。

バースプーンで十分にステアして、材料をよく混ぜ合わせるのが美味しさのポイント。

recine

Ⓐホワイト・ラム ·············· 45ml
©ライムジュース·············· 15ml
©砂糖··························2tsp
ソーダ························適量
ミントの葉················ 10〜15枚

❶グラスにライムジュース、ソーダを注ぎ、砂糖、ミントの葉を入れ、軽くペストル※で潰す。
❷ホワイト・ラムを注ぎ、クラッシュド・アイスを詰め、霜がつくまでステアする。
❸ミントの葉を飾る。

※フルーツや葉を潰す擦りこぎ棒。

Raffles Sling…… Ⓐ ジン ベース + Ⓑ + Ⓑ + Ⓑ + Ⓒ + Ⓒ + Ⓒ + Ⓒ

ラッフルズ・スリング

中甘口
16〜29度
シェーク

サマセット・モームが〝東洋の神秘〟とたたえたシンガポールの名門、ラッフルズ・ホテルのバーで誕生した名カクテル。エレガントな色味で、ドライ・ジンとチェリーブランデーの甘味が丸く見事に調和した、完成度の高い味。

エキゾティック
カクテルの傑作

Advice
すっきり飲みたいときは、レモンジュースで味を調整して。

recipe

Ⓐドライ・ジン ……………… 30ml
Ⓑチェリー・ブランデー ……… 15ml
Ⓑリキュール(コアントロー)……1tsp
Ⓑリキュール
　(ベネディクティン DOM)……1tsp
Ⓒアンゴラチュラ・ビターズ… 1dash
Ⓒレモンジュース……………… 15ml
Ⓒパイナップルジュース……… 120ml
Ⓒグレナデンシロップ………… 2tsp
　カットパイン………………… 1個
　マラスキーノチェリー………… 1個

❶シェーカーに飾り以外の材料をすべて注ぎ、キューブド・アイスを入れ、シェークする。
❷グラスにクラッシュド・アイスを詰め、❶を注ぐ。
❸パイン、マラスキーノチェリーをカクテルピンに刺して飾る。

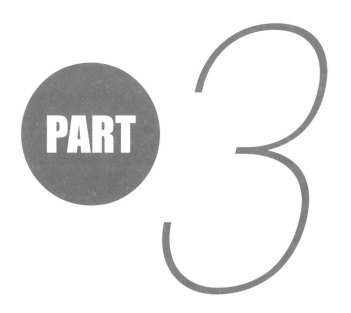

PART 3

ビタミンたっぷり!
体が喜ぶ
ヘルシーカクテル

美容にこだわることは、
単なるアンチエイジングだけではなく、
健康的な体をつくることにも
つながります。
食はもちろん、
カクテルもビタミンたっぷりの
体と肌にやさしいバランスのいい
健康志向タイプをどうぞ。

American Lemonade……Ⓐ ワイン&シャンパン ベース ＋Ⓒ＋Ⓒ＋Ⓒ
アメリカン・レモネード

清らかなレモネードを赤ワインが少しずつ
包み、味がのびやかに広がっていくのが楽
しめる2層のカクテル。アルコール度数が
低いので、ジュース感覚ですっきり飲める。

recipe

Ⓐ赤ワイン……………………………30ml
Ⓒレモンジュース…………………40ml
Ⓒ砂糖 ……………………………3tsp
Ⓒミネラルウォーター…………… 適量

❶グラスにレモンジュースを入れ、砂糖
　を加えてよく溶かす。
❷❶にキューブド・アイスを入れ、冷えた
　ミネラルウォーターを注ぎ、軽くステ
　アする。
❸❷に赤ワインを静かに注いでフロート
　する。

Ambassador……Ⓐ テキーラ ベース ＋Ⓒ＋Ⓒ
アンバサダー

個性のあるテキーラを、オレン
ジジュースでたっぷり満たし、
まろやかな口あたりの飲み口の
いいカクテル。ランチやブレイ
クタイムにカジュアルに楽しんで。

recipe

Ⓐホワイト・テキーラ ……………45ml
Ⓒシュガーシロップ………………… 1tsp
Ⓒオレンジジュース……………… 適量
　スライスオレンジ ………………1枚
　マラスキーノチェリー …………1個

❶グラスにキューブド・アイスを入れ、ホ
　ワイト・テキーラを注ぎ、シュガーシ
　ロップを入れ、オレンジジュースで満
　たし、軽くステアする。
❷スライスオレンジ、マラスキーノチェ
　リーをカクテルピンに刺して飾る。

Orange Fizz…… Ⓐ ジンベース +Ⓒ+Ⓒ+Ⓒ+Ⓒ

オレンジ・フィズ

★
中口
15度以下
シェーク

ジンフィズにオレンジジュースを加えた、ほのか
な甘味のあるフレッシュなカクテル。まろやかな
口あたりで、オレンジの酸味が鼻を抜け、すっき
りのどを落ちていくソーダのキレが心地よい。気
楽に飲めて、リフレッシュできる軽快な味わい。

オレンジ風味が爽快な
フィズスタイル

recipe

Ⓐドライ・ジン	……………………	45ml
Ⓒオレンジジュース	……………	30ml
Ⓒレモンジュース	………………	15ml
Ⓒ砂糖	…………………………	1tsp
Ⓒソーダ	…………………………	適量
カットオレンジ	…………………	1個
マラスキーノチェリー	…………	1個

❶シェーカーにドライ・ジン、オレン
ジジュース、レモンジュースを注ぎ、
砂糖、キューブド・アイスを入れ、
シェークする。

❷グラスにキューブド・アイスを入れ、
❶を注ぎ、ソーダを満たして軽くス
テアする。

❸カットオレンジ、マラスキーノチェ
リーをカクテルピンに刺して飾る。

Advice

砂糖を抜いて、甘さ控えめに仕
上げても美味しい。

Cassis Orange…… Ⓐ リキュー ベース + Ⓒ

カシス・オレンジ

中甘口
15度以下
ビルド

リキュールの中でも、女性たちに人気が高いのが
カシス。このリキュールを使った代表的なカクテ
ルがカシス・オレンジ。オレンジジュースとカシ
スの甘味がほどよくマッチ。カシスに含まれる成
分アントシアニンは、目の疲れにも働きます。

フルーティを満喫!
簡単カクテル

recipe

Ⓐリキュール(カシス)…………45ml
Ⓒオレンジジュース……………適量

❶グラスにキューブド・アイスを入れ、
　カシス・リキュールを注ぐ。
❷❶を冷えたオレンジジュースで満
　たし、軽くステアする。

Advice

アルコール度数が控えめなので、
お酒が弱い人にもおすすめ。

Campari Orange …… Ⓐ リキュール ベース ＋ Ⓒ
カンパリ・オレンジ

中甘口
15度以下
ビルド

オレンジの酸味とカンパリのハーブの苦味が心地よい。ライトな味わいは、こってりからさっぱり料理まで幅広く合う。カンパリは、ビールやソーダと割っても相性がいい。

recipe
Ⓐリキュール(カンパリ)……………45ml
Ⓒオレンジジュース………………… 適量
　スライスオレンジ……………………1枚

❶グラスにキューブド・アイスを入れ、カンパリを注ぐ。
❷❶をオレンジジュースで満たし、軽くステアしてスライスオレンジを飾る。

Conchita …… Ⓐ テキーラ ベース ＋ Ⓒ ＋ Ⓒ
コンチータ

★中辛口
16〜29度
シェーク

テキーラとレモンは相性抜群。さらにフルーティな酸味のグレープフルーツが清らかさをアップ。酸味を強くしたい場合は、レモンジュースを多めに加えて。

recipe
Ⓐホワイト・テキーラ ………………45ml
Ⓒグレープフルーツジュース………20ml
Ⓒレモンジュース…………………10ml

❶シェーカーに材料をすべて注ぎ、キューブド・アイスを入れる。
❷シェークしてグラスに注ぐ。

53

Sea Breeze……Ⓐ ［ウォッカ ベース］＋Ⓒ＋Ⓒ

シー・ブリーズ

★ 中口
15度以下
シェーク

グレープフルーツとクランベリーが溶け合った、
コーラルピンクが見た目にも美しい。海からのそ
よ風をイメージした、さわやかなのど越し。心地
よい酸味と苦味で気分をリフレッシュできる。

夏の光り輝くような
高揚感をグラスに表現

Advice

食前酒、食後酒を問わず、ゆっ
たりとした時間を楽しめるオー
ルデイズカクテル。

recipe

Ⓐ ウォッカ……………………… 30ml
Ⓒ クランベリージュース……… 45ml
Ⓒ グレープフルーツジュース… 45ml

❶ シェーカーに材料をすべて注ぎ、
　キューブド・アイスを入れ、シェー
　クする。
❷ グラスにキューブド・アイスを入れ、
　❶を注ぐ。

Sherry Tonic …… Ⓐ ワイン&シャンパン ベース ＋ Ⓒ
シェリー・トニック

中辛口
15度以下
ビルド

辛口のシェリー酒をトニック・ウォーターで割った、シンプルでさっぱりとしたカクテル。シェリー酒のキレのある口あたりと、トニック・ウォーターの炭酸が効いたすっきりしたのど越し。さまざまな料理に合う、飲み飽きない美味しさ。

シェリーライフを
満喫して食を楽しく

Advice
シェリー自体に酸味があるので、
レモンの入れすぎに注意。

recipe
Ⓐワイン（シェリー）…………… 45ml
Ⓒトニック・ウォーター ………適量
　カットレモン………………… 1個

❶グラスにキューブド・アイスを入れ、
　シェリーを注ぐ。
❷❶を冷えたトニック・ウォーターで
　満たし、軽くステアしてカットレモ
　ンを飾る。

PART 3

ビタミンたっぷり！　体が喜ぶヘルシーカクテル

55

Gin Rickey …… Ⓐ ジン ベース +Ⓒ+Ⓒ
ジン・リッキー

★辛口
15度以下
ビルド

フレッシュのライムをギュッと搾って、ドライ・ジンとソーダで割ったシンプルなレシピ。キレ、酸味、すっきり感の三拍子が揃った、ドライ派好みの一杯。スピリッツをライムとソーダで割ったものをリッキーという。

どこまでもフレッシュ
洗練された飲みやすさ

Advice

グラスの中のライムは、マドラーで潰して好みの酸味に調節しながら飲むのも楽しい。ベースをウォッカやラムに替えてもOK。

recipe

Ⓐドライ・ジン ……………… 45ml
Ⓒライム…………………… 1/2個
Ⓒソーダ…………………… 適量

❶グラスにライムを搾ってそのまま落とし入れる。
❷❶にキューブド・アイスを入れ、ドライ・ジンを注ぎ、ソーダで満たして軽くステアする。

Screw Driver ····· Ⓐ ウォッカ ベース ＋Ⓒ

スクリュー・ドライバー

★ 中甘口
15度以下
ビルド

ユニークな名前の由来は、油田で働いていた作業員が、のどの渇きを癒すためにウォッカにオレンジジュースを加え、即席のカクテルをつくった。そのときステアに使用したものが、工具のスクリュー・ドライバー（ねじ回し）だったことがはじまり。

誰にでも好かれる
スタンダードカクテル

recipe

Ⓐウォッカ······················· 45ml
Ⓒオレンジジュース··············適量
　カットオレンジ················· 1個
　マラスキーノチェリー··········· 1個

❶グラスにキューブド・アイスを入れ、ウォッカを注ぐ。
❷❶を冷えたオレンジジュースを満たし、軽くステアする。
❸カットオレンジ、マラスキーノチェリーをカクテルピンに刺して飾る。

Advice

スクリュー・ドライバーに、ハーブ・リキュール（ガリアーノ）をフロートさせれば、「ハーベイ・ウォールバンガー」になる。

Spumoni …… Ⓐ リキュール ベース ＋Ⓒ＋Ⓒ
スプモーニ

中口
15度以下
ビルド

カンパリの原産国、イタリア生まれ
のライトなカクテル。それぞれの素
材が持つ苦みが相性よく混ざり合っ
て、飲み口がいい。飲み馴れていな
い人でも虜になること間違いなし。

recipe
Ⓐリキュール(カンパリ)……………30ml
Ⓒグレープフルーツジュース………45ml
Ⓒトニック・ウォーター……………適量

❶グラスにキューブド・アイスを入れ、カ
　ンパリ、グレープフルーツジュースを
　注ぐ。
❷❶を冷えたトニック・ウォーターを満
　たし、軽くステアする。

Sloe Gin Fizz …… Ⓐ リキュール ベース ＋Ⓒ＋Ⓒ＋Ⓒ
スロー・ジン・フイズ

中甘口
15度以下
シェーク

英国ではポピュラーなスロー・ジン。
日本人が自家製の梅酒をつくるように、
英国の家庭では、ジンにスローベリー
を漬け込んだスロー・ジンをつくる
そう。甘ずっぱくて飲みやすい。

recipe
Ⓐリキュール(スロー・ジン)………45ml
Ⓒレモンジュース………………………15ml
Ⓒ砂糖……………………………………2tsp
Ⓒソーダ…………………………………適量
　スライスレモン………………………1枚

❶シェーカーにスロー・ジン、レモンジュースを注ぎ、
　砂糖、キューブド・アイスを入れ、シェークする。
❷グラスにアイスド・キューブを入れ、❶を注ぎ、冷
　えたソーダを満たす。
❸スライスレモンを入れる。

ソルクバーノ

Sol Cubano……Ⓐ ラム ベース ＋Ⓒ＋Ⓒ

★ 中口
15度以下
ビルド

味わい深いキューバと ラムの根強い関係

「キューバの太陽」という意味をもつソルクバーノ。ホワイト・ラムの甘さとグレープフルーツの苦味がバランスよく溶け合い、トニック・ウォーターで爽快なのど越しに仕上げたカクテル。フルーティな香りで、さっぱりとした味わいが魅力。

Advice

カットライムを搾ると、よりすっきりした味わいに。ベースのホワイト・ラムをカンパリに替えると、「スプモーニ」になる。

recipe

Ⓐホワイト・ラム …………… 30ml
Ⓒグレープフルーツジュース… 45ml
Ⓒトニック・ウォーター ………適量

❶グラスにキューブド・アイスを入れ、ホワイト・ラム、グレープフルーツジュースを注ぐ。
❷❶を冷えたトニック・ウォーターで満たし、軽くステアする。

Tequila Sunrise…… Ⓐ テキーラ ベース + Ⓒ + Ⓒ

テキーラ·サンライズ

★ 中甘口
15度以下
ビルド

ミック・ジャガーがコンサート中に愛飲したことから有名になったカクテル。キレのあるテキーラにオレンジの甘ずっぱさが加わったチャーミングな味わい。朝焼けを連想させるオレンジから、グラスの底に沈めたグレナデンシロップの赤が幻想的。

Advice

グレナデンシロップは、グラスにそのまま注がず、バースプーンなどの柄を使って、ゆっくり注ぐときれいに沈む。

元気が弾け出すような
活力を感じる一杯

recipe

Ⓐホワイト・テキーラ ………… 45ml
Ⓒオレンジジュース…………… 90ml
Ⓒグレナデンシロップ………… 1 tsp

❶グラスにキューブド・アイスを入れ、テキーラ、オレンジジュースを注ぎ、軽くステアする。
❷グレナデンシロップを沈める。

Harvey Wallbanger …… Ⓐ ウォッカ ベース ＋Ⓑ＋Ⓒ

ハーベイ・ウォールバンガー

中甘口
15度以下
ビルド

「スクリュー・ドライバー」に、ハーブ系のリキュールをプラス。オレンジの酸味がのどにすっと落ちていくまっすぐな味わい。その昔、ハーベイという男が酔って、壁を叩きながら帰る姿を見て、人々が〝壁叩きのハーベイ〟と呼んだのが名前の由来だとか。

壁を叩いて回ったほど!?
惹き付けられる味

recipe
Ⓐウォッカ………………………45ml
Ⓑリキュール（ガリアーノ）……2tsp
Ⓒオレンジジュース……………適量
スライスオレンジ………………1枚

❶グラスにキューブド・アイスを入れ、ウォッカを注ぎ、冷えたオレンジジュースで満たし、軽くステアする。
❷❶にバースプーンの背をつかって、ガリアーノをフロートし、スライスオレンジを入れる。

Advice
リキュールは、ハーブ系のガリアーノを使用。より風味を加え、全体に深みを出すために、最後にフロートするのがポイント。

61

Fuzzy Navel …… Ⓐ リキュールベース ＋ Ⓒ
ファジー・ネーブル

- 甘口
- 15度以下
- ビルド

ファジーな（あいまいな）という
意味をもつシンプルなカクテル。
フルーティな口あたりは味の輪郭
を決めず、ピーチ・リキュールと
オレンジジュースの甘味と酸味の
余韻が続く。

recipe

Ⓐリキュール(ピーチ)……………45ml
Ⓒオレンジジュース……………… 適量

❶グラスにキューブド・アイスを入れ、ピー
　チリキュールを注ぐ。
❷❶を冷えたオレンジジュースで満たし、
　ステアする。

Bay Breeze …… Ⓐ ウォッカベース ＋ Ⓒ ＋ Ⓒ
ベイ・ブリーズ

- ★ 中口
- 15度以下
- ビルド

ウォッカにパイナップルとクランベ
リーの甘ずっぱさが加わった、チャー
ミングなフレーバー。口の中になめ
らかな甘さがやさしく広がる。テー
ブルを華やかにするピンクも魅力。

recipe

Ⓐウォッカ……………………………40ml
Ⓒパイナップルジュース……………60ml
Ⓒクランベリージュース……………60ml

❶グラスにキューブド・アイスを入れる。
❷ウォッカと冷えたパイナップルジュース、
　クランベリージュース注ぎ軽くステア
　する。

Boccie Ball……Ⓐ リキュール ベース ＋Ⓒ＋Ⓒ
ボッチ・ボール

中甘口
15度以下
ビルド

アーモンドや杏仁豆腐を思わせるような、濃厚な香味のアマレット・リキュールがベースの簡単カクテル。リキュールの豊かな風味が鼻をくすぐり、ソーダのシュワっとした刺激と、酸味のあるオレンジの後味がマッチしたフルーティな味わい。

PART 3 ビタミンたっぷり！ 体が喜ぶヘルシーカクテル

フルーティな果実味と
風味の幅が楽しめる

recipe

Ⓐリキュール（アマレット）……30ml
Ⓒオレンジジュース……………30ml
Ⓒソーダ………………………適量

❶グラスにキューブド・アイスを入れ、アマレット・リキュール、オレンジジュースを入れる。
❷❶を冷えたソーダで満たし、軽くステアする。

Advice

オレンジジュースとソーダの分量を調整して、自分好みの甘味に。

63

Madras…… Ⓐ ウォッカ ベース + Ⓒ + Ⓒ

マドラス

★ 中口
15度以下
ビルド

フルーツのビタミンがあふれているような濃厚な外観。味わいはオレンジとクランベリーの心地よい酸味があり、とってもフレッシュ。フルーティな余韻が続く凝縮感のある味わい。アルコール度数が低いのでカジュアルに楽しんで。

ピュアな果実の
味わいに魅了される

Advice

ジュースの分量は1：1。強めが好みの場合は、ウォッカを多めに注いで、ジュースの分量を減らしてもOK。

recipe

Ⓐウォッカ………………………… 40ml
Ⓒオレンジジュース…………… 60ml
Ⓒクランベリージュース……… 60ml

❶グラスにキューブド・アイスを入れ、材料をすべて注ぎ、軽くステアする。

PART 4

女子にぴったり!
やさしい
まろやかな飲み口

フルーツの香りをつけたリキュールやシロップ、
ジューシーなフルーツなどが、
ベースのスピリッツの旨味を華やかに彩る
美味しいレシピをご紹介。
まろやかで、やさしいチャーミングなハーモニーは、
お酒が弱くても強くても虜になるはず。

Angelo……Ⓐ ウォッカ ベース +Ⓑ+Ⓑ+Ⓒ+Ⓒ
アンジェロ

中甘口
15度以下
シェーク

ウォッカをベースに、バニラとフルーツの香りを凝縮したリキュールのふくよかなコクと、オレンジとパイナップルのやわらかさを加えた、美しいハーモニー。飲みやすい口あたり。〝天使〟というネーミングにふさわしい、ピュアな世界観が感じられる。

アンジェロとは
イタリア語で「天使」

Advice

アルコール度数が低いので、気軽に飲めるカクテル。

recipe

Ⓐウォッカ………………………… 30ml
Ⓑリキュール
　（サザン カンフォート）……… 10ml
Ⓑリキュール(ガリアーノ)………1tsp
Ⓒオレンジジュース…………… 20ml
Ⓒパイナップルジュース……… 20ml
　スライスオレンジ……………… 1枚

❶シェーカーに飾り以外の材料をすべて入れ、キューブド・アイスを入れ、シェークする。
❷グラスにキューブド・アイスを入れ、❶を注ぎ、スライスオレンジを飾る。

Cassis Oolong Tea…… Ⓐ リキュール ベース ＋ Ⓒ

カシス・ウーロン

中口
15度以下
ビルド

甘ずっぱいカシス・リキュールをウーロン茶で割った簡単レシピ。ライトな味わいは食前酒としてはもちろん、油分を分解する働きがあるウーロン茶のチカラで、乾杯から食中までテーブルを賑わせたいカラダにもうれしい絶品カクテル。

食前酒としても最適なさっぱりとした飲み口

Advice

ウーロン茶をソーダに替えれば、「カシス・ソーダ」になる。

recipe

Ⓐ リキュール
　（カシス）…………45ml
Ⓒ ウーロン茶………適量

❶ グラスにキューブド・アイスを入れ、カシス・リキュールを注ぐ。
❷ ❶を冷えたウーロン茶で満たし、ステアする。

PART 4　女子にぴったり！　やさしいまろやかな飲み口

67

Kir……Ⓐ ワイン&シャンパン ベース ＋ Ⓑ
キール

中口
15度以下
ビルド

白ワインにカシス・リキュールの甘い香りが溶け合った、上品なカクテル。辛口の白ワインを選んで、よく冷やすのがポイント。簡単につくれる、気がきいた一杯。

recipe
Ⓐ白ワイン………………………… 120ml
Ⓑリキュール(カシス)…………… 10ml

❶グラスに冷えた白ワイン、カシス・リキュールを注ぎ、軽くステアする。

Kitty……Ⓐ ワイン&シャンパン ベース ＋ Ⓒ
キティ

中口
15度以下
ビルド

余った赤ワインを美味しく飲む秘策がこのレシピ。ほどよい甘さとさっぱりとした口あたりで飲みやすい。赤ワインとジンジャーエールの分量の割合は1対1を守って。

recipe
Ⓐ赤ワイン…………………………グラス1/2
Ⓒジンジャーエール …………グラス1/2

❶グラスにキューブド・アイスを入れ、赤ワイン、冷えたジンジャーエールを注ぎ、軽くステアする。

Cosmopolitan……Ⓐ ウォッカ ベース ＋Ⓑ＋Ⓒ＋Ⓒ

コスモポリタン

★中辛口
16〜29度
シェーク

映画「セックス・アンド・ザ・シティ」の主人公、キャリーの
お気に入り。ニューヨークでお洒落なカクテルとして女性に人
気がある。オレンジ・リキュール（コアントロー）、クランベリー、
ライムの甘ずっぱさが口いっぱいに広がる洗練された味わい。

Advice
オールデイで楽しめるが、美し
い色合いは、食前酒として会話
を弾ませるスタートにぴったり。

かわいくて自由奔放な
美しい女性に

recipe
Ⓐウォッカ………………… 30ml
Ⓑコアントロー…………… 10ml
Ⓒライムジュース………… 10ml
Ⓒクランベリージュース……… 10ml

❶シェーカーに材料をすべて注ぎ、
　キューブド・アイスを入れる。
❷シェークしてグラスに注ぐ。

69

Southern Banger …… Ⓐ ウォッカベース ＋Ⓑ＋Ⓒ
サザン・バンガー

中甘口
16〜29度
ビルド

元気で明るくて、若々しい華やぎがあるウォッカベースのカクテル。オレンジジュースにサザンカンフォートをフロートさせることで、より果実味が力強く広がる。

recipe

Ⓐウォッカ……………………………30ml
Ⓑリキュール
　（サザンカンフォート）……………10ml
Ⓒオレンジジュース………………… 適量
　スライスオレンジ………………… 1枚

❶グラスにキューブド・アイスを入れ、
　ウォッカ、サザンカンフォートを注ぎ、
　冷えたオレンジジュースで満たす。
❷スライスオレンジを飾る。

Gin Daisy …… Ⓐ ジンベース ＋Ⓒ＋Ⓒ
ジン・デイジー

中口
16〜29度
シェーク

デイジーとは、「ひな菊」のこと。ピンク色に染まった氷がいっぱい詰まったグラスに口をつけると、花に囲まれているかのような気分に。辛口のジンをスウィートに仕上げたカクテル。

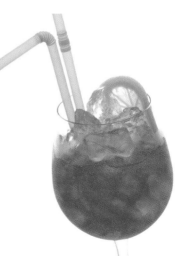

recipe

Ⓐドライ・ジン ………………………45ml
Ⓒレモンジュース……………………20ml
Ⓒグレナデンシロップ………………2tsp
　スライスレモン…………………… 1枚

❶シェーカーに飾り以外の材料をすべて注ぎ、キューブド・アイスを入れ、シェークする。
❷グラスにクラッシュド・アイスを入れ、❶を注いでスライスレモンを飾る。

Spritzer ……Ⓐ ワイン&シャンパン ベース ＋Ⓒ

スプリッツアー

辛口
15度以下
ビルド

白ワインをソーダで割った、立ち昇る泡立ちが涼しげ。ソーダのシュワっとしたさわやかなのど越しが、白ワインをより飲みやすくする。口に含めば清らかで、すっとのどに落ちていく淡麗さが魅力。飲み疲れしない軽やかなカクテル。

料理を引き立てる
涼しげな美酒

𝒜dvice
白ワインと同じように、ソーダもよく冷やしたものを注ぎ、冴えのある味わいに。

recipe
Ⓐ白ワイン……………………… 60ml
Ⓒソーダ………………………適量
　スライスレモン……………… 1枚

❶グラスにキューブド・アイス、冷えた白ワインを注ぐ。
❷❶をソーダで満たし、軽くステアして、スライスレモンを飾る。

China Blue……Ⓐ リキュール ベース ＋ Ⓑ ＋ Ⓒ ＋ Ⓒ

チャイナ・ブルー

中甘口
15度以下
ビルド

ライチ・リキュール（ディタ）とグレープフルーツを組み合わせた、クセのないさっぱりとした飲み口に人気が高い。絶世の美女、楊貴妃が愛したライチ・リキュールの高貴なフレーバーは、優雅な気分にしてくれる。

見た目は男性っぽいけれど味は女性好み

Advice

グレープフルーツジュースと同じように、トニック・ウォーターもよく冷やしたものを注ぎ、キレのよい味わいに。

recipe

Ⓐリキュール（ディタ）………… 30ml
Ⓑブルー・キュラソー ………… 1tsp
Ⓒグレープフルーツジュース… 45ml
Ⓒトニック・ウォーター…………適量

❶グラスにキューブド・アイスを入れ、ディタ、グレープフルーツジュースを注ぐ。
❷❶を冷えたトニック・ウォーターで満たし、軽くステアする。
❸❷にブルー・キュラソーを沈める。

Desert Healer…… Ⓐ ジン ベース ＋Ⓑ＋Ⓒ＋Ⓒ

デザート・ヒーラー

中甘口
15度以下
シェーク

デザートとは「砂漠」、ヒーラーとは「癒す人」の意。砂漠の
ような暑い乾いた環境のなかで、のどの渇きを潤す究極の飲み
物というイメージ。しっかりした骨格でながら、飲み口はまろ
やかで、後口はさっぱり。飲み飽きずにスルスル進む。

ジンジャーエールと
シャープなジンが軽快

recipe

Ⓐドライ・ジン ………………… 30ml
Ⓑチェリー・ブランデー ……… 15ml
Ⓒオレンジジュース…………… 30ml
Ⓒジンジャーエール………………適量
　スライスオレンジ……………… 1枚

❶シェーカーにドライ・ジン、チェリー
　ブランデー、オレンジジュースを注
　ぎ、キューブド・アイス入れシェー
　クする。
❷グラスにキューブド・アイスを入れ、
　❶を注ぐ。
❸❷を冷えたジンジャーエールで満
　たし、軽くステアしてスライスオレ
　ンジを飾る。

Advice

チェリー・ブランデーはジン
ジャーエールやオレンジジュー
スとの相性はもちろん、ロック
やソーダと割っても楽しめる。

Matador……Ⓐ テキーラ ベース ＋Ⓒ＋Ⓒ
マタドール

★ 中辛口
15度以下
シェーク

マタドールとは、スペイン語で闘牛士という意味。ホワイト・テキーラをベースに、甘いパイナップルジュースと酸味のあるライムジュームが溶け合った、フルーティなカクテル。香味がうまくまとまって、力強いテキーラが、さわやかな口あたりに。

テキーラに果実味が調和
さわやかさを感じる一杯

Advice

アルコールに強い人はカクテルグラスに注ぎ、ショートカクテルとしてもOK。

recipe

Ⓐホワイト・テキーラ ………… 30ml
Ⓒパイナップルジュース……… 45ml
Ⓒライムジュース…………… 15ml

❶ シェーカーに材料をすべて注ぎ、キューブド・アイスを入れ、シェークする。
❷ グラスにキューブド・アイスを入れ、❶を注ぐ。

74

Mimosa……Ⓐ ワイン&シャンパン ベース ＋Ⓒ

ミモザ

中甘口
15度以下
ビルド

美しい花のような美酒は
社交のスターター

オレンジの色彩が、ミモザの花に似ていることからつけられた名前。オレンジのさわやかな酸味がシャンパンを彩る華やぎのある味わい。古くは、フランスの上流階級の間で、食前酒として親しまれていたカクテル。

Advice

グラスはフルート型のシャンパングラスを。シャンパンとオレンジジュールの分量は、1対1の割合で。

recipe
Ⓐ シャンパン………………グラス1/2
Ⓒ オレンジジュース………グラス1/2

❶ グラスに冷えたシャンパン、オレンジジュースを注ぎ、軽くステアする。

75

Millionaire …… Ⓐ ラム ベース ＋Ⓑ＋Ⓑ＋Ⓒ＋Ⓒ
ミリオネーア

中甘口
16〜29度
シェーク

「百万長者」という夢のあるネーミング。ホワイト・ラムをベースに、スロー・ジンとアプリコット・ブランデーがフルーティな厚みを添え、丸みのあるやさしい味わいに。口あたりのやわらかさが加わり、飲み応え十分。

大富豪の気分で
たっぷりお試しあれ

Advice
グレナデンシロップ以外の材料は、すべて同分量で注ぐだけの簡単レシピ。スロー・ジンを梅酒に替えても美味しい。

recipe
Ⓐホワイト・ラム …………… 15ml
Ⓑスロー・ジン ……………… 15ml
Ⓑアプリコット・ブランデー … 15ml
Ⓒライムジュース…………… 15ml
Ⓒグレナデンシロップ………… 1dash

❶シェーカーに材料をすべて注ぎ、キューブド・アイスを入れる。
❷シェークしてグラスに注ぐ。

Red Eye······ Ⓐ ビールベース + Ⓒ
レッド・アイ

中辛口
16〜29度
ビルド

ビールをトマトジュースで割った簡単カクテル。トマトの酸味とビールの香ばしさが絶妙。さわやかな風味で飲みやすく、迎え酒としても知られている。レッド・アイとは、二日酔いの赤くなった目を表わしたユニークなネーミング。

二日酔いでも飲みたい やさしいカクテル

𝒜dvice

ビールとトマトジュースは、十分に冷えたものを。ビールとトマトジュースの分量は、好みで加減してもOK。

recipe

Ⓐ ビール……………グラス1/2
Ⓒ トマトジュース………グラス1/2

❶ グラスに冷えたビール、トマトジュースを注ぎ、軽くステアする。

Long Island Ice Tea······ Ⓐ ジン ベース ＋Ⓑ＋Ⓑ＋Ⓑ＋Ⓑ＋Ⓒ＋Ⓒ＋Ⓒ

ロングアイランド・アイスティー

中口
16〜29度
ビルド

紅茶を使わずに、アイスティーの風味と色をつくり出したカクテル。アメリカ・ニューヨーク州ロングアイランドで生まれたことから地名がつけられている。やや甘口で口あたりがよいが、4種類のスピリッツが入るので、飲みすぎには注意。

スタイリッシュで贅沢
キレ・甘味、百花絢爛

recipe

Ⓐドライ・ジン	····················	15ml
Ⓑウォッカ	························	15ml
Ⓑホワイト・ラム	·················	15ml
Ⓑホワイト・テキーラ	·············	15ml
Ⓑホワイト・キュラソー	··········	2tsp
Ⓒレモンジュース	················	30ml
Ⓒシュガーシロップ	·············	1tsp
Ⓒコーラ	··························	40ml
スライスレモン	····················	1枚

Advice

使用するスピリッツの種類は多いが、すべて同分量の割合を覚えておくと簡単。

❶グラスにクラッシュド・アイスを詰め、コーラ以外の材料すべてを注ぎ入れる。
❷❶を冷えたコーラで満たし、軽くステアする。
❸スライスレモンを飾る。

PART 5

男前度がアガる!
ハードボイルド
カクテル

口に含んだときのキレ、香り、
バランス、余韻……。
重なり合った、何層もの旨味を
〝じっくりと心ゆくまで味わいたい〟
という想いに応えます。
タフで強い男前な世界の銘酒を
ご堪能あれ。

ウイスキー・ミスト

辛口
30度以上
ビルド

ミストとは霧のこと。グラスの外面が白い霧に覆われて見えることから付けられたネーミング。最初はロックから始まり、氷が少しずつ溶けていくことで、次第に水割りのようなまろやかさに。濃さが変わっていく味の風合いをゆっくり楽しんで。

ストレートと
オン・ザ・ロックの中間

Advice

クラッシュド・アイスに注ぎ、濃度の変化を楽しむ手法は、さまざまなスピリッツやリキュールにも応用できる飲み方。

recipe

Ⓐスコッチ・ウイスキー ……… 60ml
　スライスレモン………………… 1枚

❶グラスにクラッシュド・アイスを詰め、スコッチ・ウイスキーを注ぎ、グラスに霜がつくまでステアする。
❷❶にスライスレモンを飾る。

Vodka Gibson……Ⓐ ウォッカ ベース ＋Ⓑ

ウォツカ・ギブソン

★ 辛口
30度以上
ステア

Advice
ジンベースよりクリーンな味わい
で飲みやすい。食前酒に最適。

recipe
Ⓐウォッカ…………………… 50ml
Ⓑワイン（ドライ・ベルモット）… 10ml
　パールオニオン………………2個

❶ミキシンググラスにキューブド・ア
　イスを入れ、ウォッカ、ドライ・ベル
　モットを注ぎ、ステアする。
❷グラスに❶を注ぎ、パールオニオン
　をカクテルピンに刺して沈める。

マティーニのジンベースを
ウォッカに替えた、アメリカ
のスタンダードカクテル。ジ
ンよりクセがないので、マ
ティーニ好きのアメリカ人に
とっては、ランチに飲んでも
匂いが残らないというのが人
気の理由。ドライ好きにはた
まらないキレのある味。

飲み口のよいキレのある
すっきりとした辛口

Old Fashioned……Ⓐ ウィスキー ベース ＋Ⓒ＋Ⓒ

オールド・ファッショ<u>ンド</u>

辛口
30度以上
ビルド

スライスオレンジとスライスレモンは、好きな酸味になるまで押し潰す。角砂糖は好きな甘さになるまで崩していく。自分好みに加減しながら味わうことができるのが、このカクテルの醍醐味。材料と対話しながら、ゆっくりと付き合いたい。

自分史上最高の
オン・ザ・ロックを

recipe

Ⓐ ライ・ウィスキー
　　またはバーボン・ウィスキー… 45ml
Ⓒ アンゴスチュラビターズ……2dash
Ⓒ 角砂糖……………………………1個
　　スライスオレンジ………………1枚
　　スライスレモン…………………1枚
　　マラスキーノチェリー…………1個

❶ グラスに角砂糖を入れ、アンゴスチュラビターズを染み込ませる。
❷ ❶にキューブド・アイスを入れ、ライ・ウィスキーを注ぎ、軽くステアする。
❸ スライスオレンジ、スライスレモン、マラスキーノチェリーをカクテルピンに刺してグラスの中へ入れる。

Advice
ベースに使うウィスキーは、ライまたはバーボンなどアメリカン・ウィスキーがおすすめ。

Kamikaze …… Ⓐ ウォッカ ベース ＋Ⓑ＋Ⓒ
カミカゼ

辛口
16〜29度
シェーク

透明感あふれる外観とドライなの
ど越し。口あたりもよく、飲みや
すいのに、飲み応えたっぷり。こ
のカクテルは、日本の戦闘機が名
前だが、アメリカ生まれというの
がユニーク。

recipe

Ⓐウォッカ ……………………… 45ml
Ⓑホワイトキュラソー ………… 1 tsp
Ⓒライムジュース ……………… 15ml

❶シェーカーに材料をすべて注ぎ、キュー
ブド・アイスを入れ、シェークする。
❷グラスにキューブド・アイスを入れ、❶
を注ぐ。

Gimlet …… Ⓐ ジン ベース ＋Ⓒ＋Ⓒ
ギムレット

★ 中辛口
30度以上
シェーク

ギムレットとは、工具のきりという
意味。辛口ジンとライムの酸味が
マッチした鋭いキレ味にたとえた
ネーミング。口あたりは、ほのかな
甘味とすっきりしたライムの酸味が
すっとのどを通るのが心地よい。

recipe

Ⓐドライ・ジン ……………………45ml
Ⓒライムジュース…………………15ml
Ⓒ砂糖 ………………………………… 1 tsp

❶シェーカーにドライ・ジン、ライムジュー
スを注ぎ、砂糖、キューブド・アイスを
入れる。
❷シェークしてグラスに注ぐ。

クォーター・デッキ

辛口
16〜29度
シェーク

軽い舌ざわりの
さっぱりとしたドライ味

ラムとシェリー酒というめずらしい組み合わせ。それぞれがもつ独特な個性をひとつにまとめることで、より奥深い世界観が広がる。クォーター・デッキとは、「後甲板」のこと。船上のデッキで風を感じるようなすっきり感を味わって。

Advice

ラムの種類やシェリーの甘口・辛口タイプを替えて、風味の変化を楽しんで。

recipe

Ⓐホワイト・ラム ················ 40ml
Ⓑワイン(ドライ・シェリー)······ 20ml
Ⓒライムジュース················ 1tsp

❶シェーカーに材料をすべて注ぎ、キューブド・アイスを入れる。
❷シェークしてグラスに注ぐ。

Godmother……(A)(ウォッカ ベース)＋(B)

ゴッドマザー

中甘口
30度以上
ビルド

スコッチ・ウィスキーがベースの「ゴッドファーザー」を、ウォッカベースにしたのが「ゴッドマザー」。口に含んだ瞬間、アマレット・リキュールのやさしいアロマが立ち昇り、ゆったりと丸く膨らんでいくのが心地よい。味の幅と厚みを堪能して。

杏リキュールが広がる
甘く切ない香り

Advice

ベースをブランデーに替えると、「フレンチ・コネクション」になる。

recipe

(A)ウォッカ ……………………45ml
(B)リキュール(アマレット)……15ml

❶グラスにキューブド・アイスを入れ、材料をすべて注ぎ、軽くステアする。

Jack Tar…… Ⓐ ラム ベース + Ⓑ + Ⓒ
ジャック・ター

| 辛口 |
| 16〜29度 |
| シェーク |

ラムとサザンカンフォートが溶け合った、なめらかな味わい。ベースは、ロンリコ151（ゴールド・ラム）を使用。アルコール度数75という超ドライ酒。パワフルだけどやさしさのある仕上がり。

recipe

Ⓐゴールド・ラム ……………………30ml
Ⓑリキュール
　（サザンカンフォート）……………25ml
Ⓒライムジュース…………………25ml
　カットライム……………………… 1個

❶シェーカーに飾り以外の材料をすべて注ぎ、キューブド・アイスを入れ、シェークする。
❷グラスにクラッシュド・アイスを詰めて、❶を注ぎ、カットライムを飾る。

....

Gin&Lime…… Ⓐ ジン ベース + Ⓒ
ジン・ライム

| ★中口 |
| 30度以上 |
| ビルド |

さわやかな外観で、後口もすっきり。ギムレットから砂糖を抜いたものと、同じ材料のカクテル。つくり方はもっとシンプルで、グラスに注ぐだけの簡単レシピ。

recipe

Ⓐドライ・ジン ……………………45ml
Ⓒライムジュース…………………15ml
　カットライム……………………… 1個

❶グラスにキューブド・アイスを入れ、ドライ・ジン、ライムジュースを注ぎ、軽くステアする。
❷カットライムを飾る。

Smoky Martini…… Ⓐ ジン ベース ＋Ⓑ

スモーキー・マティーニ

辛口
30度以上
ステア

Advice

ジンとウィスキーの比率をアレンジして、自分好みの味を楽しんで。

Ⓐドライ・ジン ………………… 45ml
Ⓑスコッチ・ウィスキー ……… 15ml

❶ミキシンググラスにキューブド・アイスを入れ、材料をすべて注ぐ。
❷ステアしてグラスに注ぐ。

じっくりと飲みたい 夜にうってつけ

マティーニのバリエーション。シャープな飲み口のドライ・ジンとスコッチ・ウィスキーの樽香が極めてきれいに立ち、余韻がしっかり続く。迫力があるのに、不思議と重さを感じさせない大人のカクテル。しみじみ飲みたい夜に。

PART5

男前度がアガる！　ハードボイルドカクテル

87

Churchill……Ⓐ ウィスキー ベース ＋Ⓑ＋Ⓑ＋Ⓒ

チャーチル

中口
16〜29度
シェーク

お酒を飲むのが大好きだったという、イギリス63代目の名首相、サー・ウィンストン・チャーチルの名から付けられたカクテル。さわやかな甘味と冴えた酸味が、ゆっくりと上品に広がる旨味をもたらす。つい杯が進んでしまう美味しさ。

さわやかな甘味を活かした上品な口あたり

Advice

ロックスタイルで旨味の広がりをゆっくり楽しむのもおすすめ。

recipe

Ⓐスコッチ・ウィスキー ……… 30ml
Ⓑリキュール（コアントロー）… 10ml
Ⓑワイン
　（スウィート・ベルモット）…… 10ml
Ⓒライムジュース ……………… 10ml

❶シェーカーに材料をすべて注ぎ、キューブド・アイスを入れる。
❷シェークしてグラスに注ぐ。

Tequila Manhattan …… (A) テキーラ ベース ＋(B)＋(C)
テキーラ・マンハッタン

辛口
30度以上
ステア

「マンハッタン」のベースのウィスキーを、
ホワイト・テキーラに替えたバリエーション。
スウィート・ベルモットのスパイシーな香味
がホワイト・テキーラに深い味わいを添える。

recipe
(A)ホワイト・テキーラ ……………45ml
(B)ワイン(スウィート・ベルモット)…15ml
(C)アンゴスチュラ・ビターズ …… 1dash
　マラスキーノチェリー…………… 1個
　レモンピール…………………… 適量

❶ミキシンググラスにキューブド・アイスを入れ、
　飾り以外の材料をすべて入れ、ステアする。
❷グラスに❶を注ぎ、マラスキーノチェリーをカク
　テルピンに刺して沈める。
❸レモンピールを搾りかける。

Nicolaschika …… (A) ブランデー ベース ＋(C)
ニコラシカ

中甘口
30度以上
ビルド

グラスの上に盛られたレモンスラ
イスと砂糖をそのまま口に含み、
軽く噛んでからブランデーをひと
口流し込む。口の中でカクテルに
するというユニークなスタイル。

recipe
(A)ブランデー…………………… 適量
(C)砂糖 ……………………… 1 tsp
　レモンスライス………………… 1枚

❶スライスレモンの上に砂糖を盛る。
❷グラスにブランデーを注ぎ、❶をグラ
　スの縁にのせる。

89

French Connection…… Ⓐ ブランデー ベース ＋Ⓑ

フレンチ・コネクション

中甘口
30度以上
ビルド

アマレット・リキュールとブランデーの重なり合った香り高い
風味が、ゆるやかにほどけていくのが心地よい。ネーミングは、
70年代のマフィア映画の大作、「フレンチコネクション」から
名付けられたカクテル。熱いオトコたちの顔が目に浮かぶよう。

限りなく続いていく
エレガントな余韻

Advice

ベースのブランデーをウィス
キーに替えると、「ゴッドファー
ザー」に。ウォッカに替えると、
「ゴッドマザー」になる。

recine

Ⓐ ブランデー…………………… 45ml
Ⓑ リキュール（アマレット）…… 15ml

❶グラスにキューブド・アイスを入れ、
　材料をすべて注ぎ、軽くステアする。

90

Bond Martini……Ⓐ ジン ベース ＋Ⓑ＋Ⓑ

ボンド・マティーニ

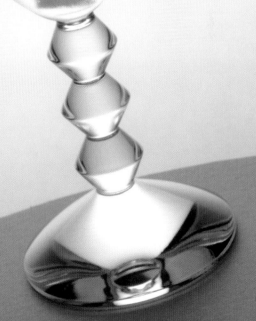

辛口
30度以上
シェーク

キリっと冷えた飲み口がお好みのジェームス・ボンド。007シリーズ、「カジノ・ロワイヤル」でボンドが愛飲していたカクテル。ジンにウォッカを加えた強烈な辛さと高いアルコール度数を誇る刺激的な一杯。

ドライ・ジンにウォッカを足すのがボンド流

Advice

アルコール度数が高いので、ロックスタイルで氷を溶かしながら濃度を変えてじっくり味わうのもおすすめ。

recipe

Ⓐドライ・ジン ……………… 90ml
Ⓑウォッカ…………………… 30ml
Ⓑワイン（リレブラン）……… 10ml
　レモンピール……………… 適量

❶シェーカーにレモンピール以外の材料すべてを注ぎ、キューブド・アイスを入れ、シェークしてグラスに注ぐ。
❷グラスの中にレモンピールを沈める。

Rusty Nail …… Ⓐ ウィスキー ベース ＋ Ⓑ
ラスティー・ネール

中甘口
30度以上
ビルド

ウィスキーをベースに、ウィスキーベースのリキュール、ドランブイを組み合わせたカクテル。ヒースの花のはちみつとハーブをブレンドしたリキュールがもたらす多彩な厚みは、ゆっくり花が開いていくよう。

recipe

Ⓐスコッチ・ウィスキー ……………40ml
Ⓑリキュール（ドランブイ）…………20ml

❶グラスにキューブド・アイスを入れ、材料をすべて注ぎ、軽くステアする。

Rob Roy…… Ⓐ ウィスキー ベース ＋ Ⓑ ＋ Ⓒ
ロブ・ロイ

辛口
30度以上
ステア

ロンドンで最も格式高いホテル、ザ・サボイのバーテンダーが考案した、琥珀色が美しいカクテル。「ロブ・ロイ」とは、スコットランドの義賊、ロバート・ロイ・マクレガーのニックネーム。

recipe

Ⓐスコッチ・ウィスキー ……………45ml
Ⓑワイン（スウィート・ベルモット）…15ml
Ⓒアンゴスチュラ・ビターズ …… 1dash
　マラスキーノチェリー…………… 1個

❶ミキシンググラスにキューブド・アイス、アンゴスチュラビターズを入れ、飾り以外の材料をすべて注ぎ、ステアする。
❷グラスに❶を注ぎ、マラスキーノチェリーをカクテルピンに刺して沈める。

PART 6

まるでデザート感覚!
魅惑のスイーツ系

カカオや生クリームなどを使った
なめらかな甘味が魅力の
デザート感覚で楽しめる
大人のためのカクテルをご紹介。
心をなごませ、リラックスさせてくれる
甘美な世界観と
口の中でとろける舌ざわりを楽しんで。

After Eight…… Ⓐ リキュール ベース ＋Ⓑ＋Ⓑ
アフターエイト

中甘口
16〜29度
シェーク

ベースのクリーム系リキュールは
ベイリーズを使用。ほのかなアイ
リッシュ・ウィスキーの香りが立
ち、チョコレートとコーヒーのニュ
アンス、そしてミント・リキュー
ルの清涼感がポイント。多彩な味
をゆるやかなにまとめたやさしい
口あたりは、食後の一服にぴったり。

ミントフレーバーが
食後の口に軽快

Advice

ベイリーズは、シンプルにロッ
ク、またはコーヒーなどに入れ
ても最適なリキュール。

recipe

Ⓐリキュール(ベイリーズ) …… 20ml
Ⓑリキュール(カルーア) ……… 20ml
Ⓑミント・リキュール ………… 20ml

❶ シェーカーに材料をすべて注ぎ、
　キューブド・アイス入れる。
❷ シェークしてグラスに注ぐ。

94

Alexander······ Ⓐ ブランデー ベース ＋Ⓑ＋Ⓒ
アレキサンダー

甘口
16〜29度
シェーク

落ち着きのある
うっとり優しい舌ざわり

dvice

トッピングのナツメグは、ク
リーム入りのカクテルに使う定
法。生クリームの生臭さ消す働
きがある。

recipe

Ⓐブランデー·····················30ml
Ⓑリキュール
　（クレームドカカオ）·········15ml
Ⓒ生クリーム·····················15ml
　ナツメグ·······················適量

❶シェーカーにナツメグ以外の材料
　をすべて注ぎ、キューブド・アイス
　を入れ、シェークする。
❷❶をグラスに注ぎ、ナツメグをふり
　かける。

生クリームの甘さとクレー
ムドカカオのコクが力強い。
ブランデーの芳醇な香りと
キレが冴え、まるで質の高
いケーキのような味わい。
口の中で溶けていくような
まろやかな舌ざわりは、女
性の味覚に寄り添う、飽き
ない美味しさ。

95

Kahlua & Milk…… Ⓐ リキュール ベース ＋ ©

カルーア・ミルク

甘口
15度以下
ビルド

コーヒー・種子系リキュールのカルーアにミルクを加えるだけのシンプルなレシピ。甘さとほろ苦さをもつリキュールにやわらかなミルクが広がっていく。ゆるりと飲める優しい口あたりで、多くの女性たちに支持されている。

コーヒー牛乳のアルコール・バージョン

Advice

材料をシェーカーに入れ、シェークするとフワフワとした舌触りに仕上がり、違った味わいも楽しめる。

recipe

Ⓐリキュール（カルーア）……… 40ml
©牛乳………………………… 適量

❶グラスにキューブド・アイスを入れ、コーヒー・リキュールを注ぐ。
❷❶を牛乳で満たし、軽くステアする。

Grasshopper …… Ⓐ リキュールベース ＋Ⓑ＋Ⓒ

グラスホッパー

甘口
15度以下
シェーク

PART 6

まるでデザート感覚！　魅惑のスイーツ系

Advice

生クリームがほかの材料とよく
溶け合うように、シェークは
しっかりすることがポイント。

recipe

Ⓐリキュール(ペパーミント) … 20ml
Ⓑリキュール
　(クレームドカカオ)………… 20ml
Ⓒ生クリーム……………………20ml
　ミントの葉……………………適量

❶シェーカーに材料をすべて注ぎ、
　キューブド・アイスを入れ、シェー
　クする。
❷グラスに❶を注ぎ、ミントの葉を飾
　る。

グラスホッパーとは、
「バッタ」のこと。出来上
がりの色彩からつけられ
たネーミング。ペパーミン
ト・リキュールのさわやか
さとカカオの香ばしさに
加え、生クリームのコク
がバランスよく調和。甘
口で、非常に飲みやすい。

やわらかい口溶けは
ムースのような舌ざわり

Golden Cadillac …… Ⓐ リキュール ベース ＋Ⓑ＋Ⓒ

ゴールデン・キャデラック

甘口
16〜29度
シェーク

アニスとバニラなどの甘い香り
がバランスよく調和したリ
キュール、ガリアーノをベース
にしたカクテル。透明な黄色で、
ほんのりついた黄金色がアメリ
カを代表する高級車、キャデ
ラックをイメージすることから
付けられたネーミング。

カカオの風味と
生クリームの調和が絶品

Advice

ベースのガリアーノをペパーミ
ント・リキュールに替えると、
「グラスホッパー」になる。

recipe

Ⓐリキュール(ガリアーノ)…… 20ml
Ⓑリキュール
　(クレームドカカオ)………… 20ml
Ⓒ生クリーム…………………… 20ml

❶シェーカーに材料をすべて注ぎ、
　キューブド・アイスを入れる。
❷シェークしてグラスに注ぐ。

ゴールデン・ドリーム

Golden Dream……Ⓐ リキュール ベース ＋ Ⓑ ＋ Ⓒ ＋ Ⓒ

甘口
16〜29度
シェーク

オレンジの酸味と甘味が ゆっくりほどけていく

ベースは甘いバニラとハーブ系のデリケートな香味が溶け合ったリキュール、ガリアーノを使用。オレンジ風味が豊かなホワイト・キュラソーがふんわり包み込み、さらにまろやかなオレンジジュースと生クリームが融合。オレンジムースのような舌ざわりが絶品。

Advice

使う材料は4種類だが、すべて同量で各15mlずつさえ覚えておけば、簡単につくれる。十分シェークすること。

recipe

Ⓐリキュール(ガリアーノ)……15ml
Ⓑホワイト・キュラソー………15ml
Ⓒオレンジジュース……………15ml
Ⓒ生クリーム……………………15ml

❶シェーカーに材料をすべて注ぎ、キューブド・アイスを入れる。
❷シェークしてグラスに注ぐ。

Barbara …… Ⓐ ウォッカ ベース ＋Ⓑ＋Ⓒ
バーバラ

甘口
16〜29度
シェーク

ウォッカをベースとし、カカオ・リキュールが丸みと甘さを加え、さらに生クリームが厚みを足したリッチな仕上がり。ミルクチョコレート・ドリンクのようなチャーミングな風味は、食後のデザート代わりにぴったり。

まろやかなミルク
チョコレートの甘い誘惑

Advice
ベースのウォッカをブランデーに替えると、「アレキサンダー」になる。十分シェークすること。

recipe
Ⓐウォッカ………………………… 30ml
Ⓑリキュール
　（クレームドカカオ）……… 15ml
Ⓒ生クリーム………………… 15ml

❶シェーカーに材料をすべて注ぎ、キューブド・アイスを入れる。
❷シェークしてグラスに注ぐ。

Black Russian…… Ⓐ ウォッカ ベース ＋Ⓑ

ブラック・ルシアン

甘口
30度以上
ビルド

ウォッカをコーヒー・リキュールで割ったシンプルなレシピ。
コーヒーの風味がほんのり香り立つ、飲み口のよい甘口カクテル。
ブラック・ルシアンとは、深い琥珀色の見た目と、ベースにロ
シアが本場のウォッカを使うことから付けられている。

Advice

口あたりがよく飲みやすいが、
アルコール度数は高め。生ク
リームをフロートすると、『ホ
ワイト・ルシアン』に。

ロシアを象徴する
黒いウォッカという名

recipe

Ⓐウォッカ………………… 45ml
Ⓑリキュール（カルーア）……… 15ml

❶グラスにキューブド・アイスを入れ、
　材料をすべて注ぎ、軽くステアする。

Velvet Hammer……Ⓐ リキュール ベース ＋Ⓑ＋Ⓒ
ベルベット・ハンマー

甘口
16〜29度
シェーク

ベルベットのような舌ざわりに
なることから名前がついた。上
品なベルベットと、物を打ち砕
くハンマーのような強さの味わ
いをもつという遊び心いっぱい
のカクテル。香り高いコーヒー
の風味に生クリームのコクが効
いた、心やすらぐ一杯。

やさしい舌ざわりが
クセになる豊かな味わい

Advice
生クリームをよく混ぜ合わせる
ために、シェークはしっかり行
うこと。

recipe
Ⓐオレンジリキュール………… 20ml
Ⓑリキュール(ティアマリア) … 20ml
Ⓒ生クリーム…………………… 20ml

❶ シェーカーに材料をすべて注ぎ、
　キューブド・アイスを入れる。
❷ シェークしてグラスに注ぐ。

PART 7

癒しのひととき!
身も心も温まる
ホット杯

疲れているときや温まりたいときは、
ホットカクテルで体をほぐしてみては。
風邪をひきかけているときや
眠れない夜の寝酒としても
おすすめのスペシャルドリンクです。

Irish Coffee······ Ⓐ ウィスキー ベース + Ⓒ + Ⓒ + Ⓒ

アイリッシュ・コーヒー

甘口
15度以下
ビルド

温かいコーヒーにアイリッシュ・ウィスキーを混ぜ合わせたホットカクテル。フロートした生クリームは、カプチーノのようなまろやかな口あたり。寒い日に体を温めたり、いつものコーヒーに変化をつけて大人の気分を楽しんで。

Advice

生クリームはしっかりホイップすると、きれいにフロートできる。

いつものコーヒーが
ぐっと華やかに

recipe

Ⓐアイリッシュ・ウィスキー … 30ml
Ⓒザラメ·························· 1 tsp
Ⓒ濃いコーヒー·····················適量
Ⓒ生クリーム·······················適量

❶温めたグラスにザラメを入れ、アイリッシュ・ウィスキーを注ぐ。
❷❶をホットコーヒーで満たし、ホイップした生クリームをフロートする。

Hot Whisky Toddy……Ⓐ ウィスキー ベース ＋Ⓒ＋Ⓒ
ホット・ウィスキー・トゥディ

中口
15度以下
ビルド

クローブの薬用効果で体の芯まで温まる、ホット・ウィスキー
に変化をつけたカクテル。トゥディとは、スピリッツに甘味を
つけて、水かお湯で割るカクテルの技法のひとつ。ベースが
ウォッカなら、「ウォッカ・トゥディ」になる。

じんわり体に染みる
やさしいお湯割り

𝒜dvice
香りづけは、クローブのほかに、
シナモンなどのスパイスもおす
すめ。

recipe
Ⓐスコッチ・ウィスキー ……… 45ml
Ⓒ砂糖 ……………………… 1 tsp
Ⓒ熱湯 ……………………… 適量
　スライスレモン……………… 1枚
　クローブ…………………… 適量

❶温めたホルダー付きのタンブラー
　にスコッチ・ウィスキーを注ぎ、砂
　糖を入れる。
❷❶を熱湯で満たし、軽くステアする。
❸スライスレモンにクローブをのせ、
　タンブラーの中に入れる。

105

Hot Ginger······ Ⓐ ウォッカ ベース ＋ⒸＭ ＋Ⓒ ＋Ⓒ

ホット・ジンジャー

中口
15度以下
ビルド

生姜は血液の循環をスムーズにして体を温める働きがある。
ウォッカのアルコール度数と生姜のダブル効果で、体の芯から
ポカポカするカクテル。生姜とレモンのさっぱりとした口あた
りで、余韻も心地よい。寝酒の一杯として、お休み前に。

豊かな眠りにつける
ポカポカドリング

Advice

手軽に生姜を副材料として使え
るのが便利な生姜シロップ。生
の生姜をすって、砂糖を加えて
代用してもよい。

recipe

Ⓐウォッカ······45ml
Ⓒ生姜シロップ······10ml
Ⓒレモンジュース······10ml
Ⓒ熱湯 ······適量

❶温めたタンブラーにウォッカを注ぐ。
❷生姜シロップ、レモンジュースを入
れ、熱湯で満たし、軽くステアする。

Hot Drambuie······ Ⓐ リキュール ベース + Ⓒ + Ⓒ

ホット・ドランブイ

中口
16〜29度
ビルド

冷えた体を温める
癒しのカクテル

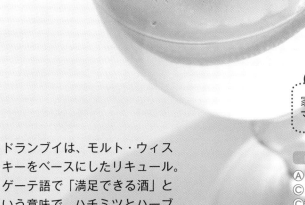

家に耐熱グラスがない場合は、
マグカップなどを代用して。

ドランブイは、モルト・ウィス
キーをベースにしたリキュール。
ゲーテ語で「満足できる酒」と
いう意味で、ハチミツとハーブ
などをブレンドした甘い味わい
が特徴。のどが痛いときや風邪
ぎみなときにお湯で割れば、身
も心も一気に温まる。

recipe
Ⓐリキュール（ドランブイ）······ 45ml
Ⓒレモンジュース················ 20ml
Ⓒ熱湯·························適量
スライスレモン··················· 1枚
クローブ······················適量

❶ 温めたグラスにドランブイを注ぎ、
レモンジュースを入れ、熱湯で満た
して軽くステアする。
❷ スライスレモンにクローブをのせ、
グラスの中に入れる。

107

Hot Butterd Rum …… Ⓐ ラムベース ＋Ⓒ＋Ⓒ＋Ⓒ
ホット・バタード・ラム

中口
15度以下
ビルド

ダーク・ラムの甘い香りが鼻を抜け、溶けたバターのコクのある香りが混ざり合い、豊かな風味がバランスよく続く。欧米では疲れたときや風邪の妙薬として、家庭で飲まれている。個性的だが、魅力十分な心底温まるカクテル。

旨味、舌ざわりだけ
じゃない〝癒し〟も重要

recipe

Ⓐダーク・ラム ……………………45ml
Ⓒ角砂糖…………………………1個
Ⓒバター…………………………1片
Ⓒ熱湯 …………………………適量

❶温めたホルダー付きのタンブラーに角砂糖を入れ、少量の湯を注ぎ、溶かす。
❷❶にダーク・ラムを注ぎ、熱湯で満たし、軽くステアしてバターを浮かす。

Advice

マーガリンは味にコクが出にくく香りも少ないので、必ずバターを使うこと。

Hot Bull Shot……Ⓐ ウォッカ ベース +Ⓒ
ホット・ブル・ショット

★ 中口
15度以下
ビルド

「ブラッディ・メアリー」のように、ウォッカは想像以上に組み合わせの幅が広い。温かいコンソメスープに合わせると、スープの旨味がのどをすべり落ち、ウォッカのキレが鼻を抜けるバランスがなんとも心地よい。もう一杯手が伸びる美味しさ。

意外性と柔軟性を両立
思わず唸る美味

Advice

暑い季節は、冷たいコンソメ
スープと氷を入れて仕上げても。

recipe
Ⓐウォッカ…………………… 30ml
Ⓒコンソメスープ
　(市販のブイヨンで可)……… 適量
お好みでウスターソース、タバスコ、
コショウ

❶グラスに温めたコンソメスープを
　入れ、ウォッカを注ぎ、軽くステア
　する。
❷お好みに合わせて、ウスターソース
　やタバスコ、コショウを入れる。

Hot Rum Toddy······ Ⓐ ラム ベース ＋Ⓒ＋Ⓒ
ホット・ラム・トゥデイ

中口
15度以下
ビルド

ダーク・ラムは、7年間の熟成を経てつくられたキューバのラム、ハバナクラブ7年を使用。お湯で割ったシンプルなレシピは、香り深いダーク・ラムの輪郭をぼかさず、ゆったりとした旨味が味わえる。ダーク・ラムを飲み慣れていない人にも飲みやすい。

熟成を感じる風味を
やさしく、温かく

Advice

スピリッツをお湯で割るトゥディスタイル。ベースのダーク・ラムをウィスキーに替えると、「ホット・ウィスキー・トゥディ」になる。

recipe

Ⓐ ダーク・ラム ················· 45ml
Ⓒ 砂糖 ·························· 1 tsp
Ⓒ 熱湯 ·························· 適量
スライスレモン················· 1枚
クローブ······················ 適量

❶ 温めたホルダー付きのタンブラーにダーク・ラムを注ぎ、砂糖を入れる。
❷ ❶を熱湯で満たし、軽くステアする。
❸ スライスレモンにクローブをのせ、タンブラーの中に入れる。

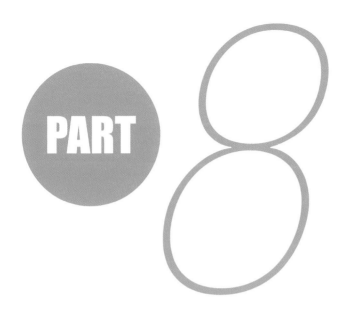

PART 8

味も見た目もスマート*!*
おもてなし
カクテル

お客さまを粋にもてなす
エレガントなものから、
一度にたくさんつくって
おしゃべりに集中できるものまで、
スタイリッシュなカクテルをご紹介。
人の心をとらえる美酒を
料理とともに振る舞って。

ヴァン・ショー

中甘口
15度以下
ビルド

果実の甘い香りは
人の心をやさしくさせる

Advice

赤ワインを火にかけるとき、風味が飛んでしまわないように注意。沸騰させず、湯気が出るくらいに温まったら火を止めること。

ヴァン・ショーとは、フランス語でホットワイン。クリスマスマーケットの屋台で買って、外で飲むのがお約束のドリンク。好きなワインを好きなスパイスで味付けすると味わいは格別。体を温めるだけでなく、別腹も心も満たすスウィーツなカクテル。

recipe

Ⓐ赤ワイン················60ml
Ⓑオレンジ・キュラソー ········15ml
Ⓒオレンジジュース·········30ml
Ⓒはちみつ··················適量
Ⓒクローブ··················適量
Ⓒスライスレモン············1枚
Ⓒスライスオレンジ··········1枚

1 鍋に材料をすべて注ぎ入れ、沸騰しないようにゆっくりかき混ぜながら温める。
2 レモンとオレンジを取り除き、グラスに注ぐ。

Old Pal……Ⓐ ウィスキー ベース ＋Ⓑ＋Ⓑ

オールド・パル

辛口
16〜29度
ステア

じわじわくる旨さ
語り合う夜長に

Advice

カンパリの量を減らすと、より
ほろ苦さが増して大人の味に仕
上がる。

「古い仲間」、「懐かしい友人」
という意味をもつネーミング。
ライ・ウィスキーにドライ・ベ
ルモットを加えたハーモニーは、
ほんのり甘味、ほんのり苦味が
じわじわくる深い味わいがクセ
になる。ドライ・ベルモットは
食欲を増進させるので、食前酒
としても。

Ⓐ ライ・ウィスキー ……………… 20ml
Ⓑ ワイン（ドライ・ベルモット）… 20ml
Ⓑ リキュール（カンパリ）……… 20ml

1 ミキシンググラスにキューブド・ア
イスを入れ、材料をすべて注ぎ、ス
テアしてグラスに注ぐ。

······ Ⓐ ブランデー ベース ＋Ⓒ＋Ⓒ

カフェ・ロワイヤル

中口
15度以下
ビルド

ブランデーを染み込ませた角砂糖のゆらゆらと燃える青い炎がファンタジック。コーヒーの香ばしさをより感じさせるブランデーの芳醇な香りが心地よい。ブランデーは少量なので、ランチの後やアフタヌーン・ティーなどに最適。

優雅でファンタジックな
アフタヌーン・ティーを

recipe

Ⓐブランデー··················· 1 tsp
Ⓒ角砂糖························· 1個
Ⓒホットコーヒー············· 適量

❶コーヒーカップにホットコーヒーを注ぐ。
❷スプーンに角砂糖をのせ、ブランデーを注ぎ、カップの上で火をつける。
❸スプーンを❶に沈め、軽くステアする。

Advice

市販で、スプーンの先端が下に曲がって、カップの縁にひっかける専用のロワイヤル・スプーンなどもある。

Kir Royal…… Ⓐ ワイン&シャンパンベース ＋ Ⓑ

キール・ロワイヤル

中口
15度以下
ビルド

ホームパーティを
盛り上げる美しい泡

「キール」の白ワインをシャンパンに替えたもの。シャンパンをベースにした、華やかでゴージャスなカクテルは、ホームパーティのウェルカム・ドリンクに最適。カシスのやさしい酸味とシャンパンの爽快な泡のバランスが小気味よい。

Advice

カシス・リキュールをフランボワーズのリキュールに替えれば、「キール・アンペリアル」に。

recipe

Ⓐシャンパン………………… 適量
Ⓑリキュール(カシス)……… 15ml

❶グラスにカシス・リキュールを注ぐ。
❷❶を冷えたシャンパンで満たし、軽くステアする。

PART 8

味も見た目もスマート！ おもてなしカクテル

115

Frozen Strawberry Margarita……Ⓐ テキーラベース ＋Ⓒ＋Ⓒ＋Ⓒ
フローズン・ストロベリー・マルガリータ

中口
15度以下
ブレンド

テキーラの定番カクテル、「マルガリータ」にストロベリーを
アレンジ。ブレンドすることで、色も香りも楽しいフルーティ
で涼しげなフローズンカクテルに昇華。たくさんつくって、み
んなでワイワイ飲みたいキュートな味わい。

華やかな見た目で
パーティ感をアップ

recipe

Ⓐホワイト・テキーラ	…………	30ml
Ⓒいちご	………………	4個
Ⓒライムジュース	……………	15ml
Ⓒストロベリーシロップ	………	1tsp
塩(スノースタイル用)	………	適量
ミントの葉	………………	適量

1 グラスの縁に塩をつけ、スノースタ
イルにしておく。
2 ブレンダーにミントの葉以外の材
料をすべて注ぎ、クラッシュド・ア
イスを入れてブレンドする。
3 2 をグラスに注ぎ、ミントの葉、い
ちごを飾る。

Advice

いちご以外にメロンなど、好み
のフルーツでフローズンカクテ
ルを楽しんで。

White Mimosa······ Ⓐ ワイン&シャンパンベース ＋ Ⓒ

ホワイト・ミモザ

中口
15度以下
ビルド

雰囲気が高まる 飲みやすい泡

Advice
分量はグラスに1対1の割合を目安に。シャンパンの美しい泡を楽しむには、ガスの逃げが少ないフルート型のグラスを。

「ミモザ」のオレンジジュースをグレープフルーツジュースに替えた、シャンパンベースのアレンジ。泡のすっきり感とさわやかな酸味のバランスが楽しい。飲み応えのある冷涼感たっぷりの美しいカクテル。

recipe
Ⓐシャンパン·················グラス1/2
Ⓒグレープフルーツジュース
······························グラス1/2

1 グラスに冷えたグレープフルーツジュースを注ぐ。
2 1を冷えたシャンパンで満たし、軽くステアする。

Wine Cooler……Ⓐ ワイン&シャンパン ベース ＋Ⓑ＋Ⓒ＋Ⓒ

ワイン・クーラー

中口
15度以下
ビルド

ワインをベースに、フルーツジュースやシロップ、炭酸などを混ぜ合わせて、冷やして飲むお酒のことをクーラースタイルという。赤ワインは見た目も可愛く味わい深いが、ベースとなるワインに決まりはない。白やロゼなど好みのワインで。

ワインをアレンジして
自分の味をふるまって

Advice

上等なワインではなく、飲み残しのワインでも自分流の味をつくるのが楽しい。

recipe

Ⓐ赤ワイン………………………… 90ml
Ⓑオレンジ・キュラソー ……… 15ml
Ⓒオレンジジュース…………… 30ml
Ⓒグレナデンシロップ………… 15ml
　スライスオレンジ……………… 1枚
　スライスレモン………………… 1枚

1 グラスにキューブド・アイスを入れ、フルーツ以外の材料をすべて注ぎ入れる。
2 1を軽くステアして、スライスオレンジ、スライスレモンを沈める。

PART 9

確かな味とワザ！
受賞カクテル
レシピ

世界のコンペティションで戦い抜き、
高い評価と多くの賞賛を受けた
受賞カクテルのレシピを公開。
カクテルのシーンに
新たな感動を与える秀作。
今宵、週末の飲みが
ぐっと楽しくなること請け合いです。

本誌、監修者の岡崎ユウ（BAR AVANTI）のオリジナルカクテルを紹介します。

Hortensia······  Ⓐ ジン ベース ＋Ⓑ＋Ⓑ＋Ⓒ＋Ⓒ

オルタンシア

中甘口
16〜29度
シェーク

オルタンシアとは、フランス語で
「紫陽花(あじさい)」の意。葉を伝う雨の雫や
美しいあじさいの花が開く初夏の
情景を表現。ピーチとライムの
ジューシーな果実味に、ドライ・
ジンのキレが冴え渡る。

アーリーサマーを楽しむ
紫陽花という名の味

Advice

甘めなので、長めにシェークす
ることがポイント。よく冷えて
から注ぐことで旨味が上がる。

recipe

Ⓐドライ・ジン	·················	25ml
Ⓑリキュール(ピーチ)	···········	25ml
Ⓑブルー・キュラソー	·············	1tsp
Ⓒライムジュース	·············	10ml
Ⓒラベンダーシロップ	···········	10ml

❶シェーカーに材料をすべて注ぎ、
　キューブド・アイスを入れ、シェー
　クしてグラスに注ぐ。
❷デコレーションを飾る。

120

2009年、全国バーテンダー技能競技大会
全国総合3位、創作部門1位受賞　作／野口智代(BAR AVANTI)

Castro……Ⓐ ラム ベース +Ⓒ+Ⓒ+Ⓒ+Ⓒ

カストロ

中辛口
16〜29度
ビルド

キューバの革命家、カストロといえば、シガー。ベースにした、
キューバを代表するスピリッツのラム（ハバナクラブ7年）の
甘味とローズマリーの芳しいハーブ感がシガーにぴったりマッチ。
シガーとともの楽しみたい一杯。

大人の男性に似合う
モヒートの進化版

recipe

Ⓐダーク・ラム ……………… 50ml
Ⓒグレープフルーツ………… 1/4個
Ⓒライムジュース……………… 15ml
Ⓒサトウキビシロップ………… 10ml
Ⓒローズマリー……………………適量

❶グラスにカットしたグレープフルー
ツの実、ライムジュース、サトウキ
ビシロップ、ローズマリーを入れ、
ペストル※で潰す。
❷❶にダーク・ラムを注ぎ、クラッシュ
ド・アイスを詰め、軽くステアする。
❸ローズマリーを飾る。

※フルーツや葉を潰す擦りこぎ棒。

Advice

甘味の強弱は、サトウキビシ
ロップの分量を変えて調節を。

2009年、ハバナクラブ モヒートカクテル コンベティション
グランプリ受賞　作／岡崎ユウ（BAR AVANTI）

Turandot…… Ⓐ ウォッ ベース ＋Ⓑ＋Ⓒ＋Ⓒ

トゥーランドット

中甘口
16〜29度
シェーク

プッチーニの代表作、オペラ「トゥーランドット」をイメージ。氷のような冷たい心をもつ皇帝の娘姫が、真実の愛を知ることで、心の氷が溶けていく……。癒される心の感情を表現。

心を揺さぶる、やさしい気持ちになれる味わい

recipe

Ⓐウォッカ…………………… 50ml
Ⓑリキュール(ヒプノティック)… 30ml
Ⓒピーチジュース……………… 10ml
Ⓒラベンダーフラワー
　　(ピトレ入り)…………………… 3g

❶シェーカーに材料をすべて注ぎ入れる。
❷シェーカーの中で材料をペストル※で潰し、ラベンダーの色と香りをカクテルに移す。
❸❷にキューブド・アイスを入れ、シェークしてグラスに注ぐ。
❹デコレーションを飾る。
※フルーツや葉を潰す擦りこき棒。

Advice
ラベンダーフラワーは軽めに潰すこと。苦味が残らず、きれいな色が出る。

122
2006年、バーレディースカクテルコンペティション　グレイグース部門
グランプリ受賞　ベストテクニカル賞受賞　作／岡崎ユウ(BAR AVANTI)

Natural Beauty……Ⓐ ラム ベース +Ⓒ+Ⓒ+Ⓒ+Ⓒ+Ⓒ
ナチュラル・ビューティー

中口
16〜29度
シェーク

新しいモヒートを創作することを目的としたコンペティションでの作品。柚子とシソを使った、美容によいカクテルを考案。ピンクペッパーをアクセントに、美を追求したアジアンモヒートを完成。

柚子とシソが広がる
美しいアジアンモヒート

recipe

Ⓐゴールド・ラム …………………60ml
Ⓒ柚子果汁………………………20ml
Ⓒシソの葉………………………… 1枚
Ⓒピンクペッパー…………… 1/2tsp
Ⓒサトウキビシロップ …………1tsp
Ⓒソーダ……………………………… 適量
　柚子ピール……………………… 適量

❶シェーカーに柚子果汁、シソの葉1/2、半分量のピンクペッパーを入れ、ペストル※で潰す。
❷❶にゴールド・ラムを注ぎ、キューブド・アイスを入れ、シェークする。
❸グラスにクラッシュド・アイスを詰めて❷を注ぎ、残りのピンクペッパーを入れ、しっかりステアする。
❹シソの葉1/2を飾り、柚子ピールを振りかける。

※フルーツや葉を潰す擦りこぎ棒。

Advice
飾り用のシソは、手のひらにのせ、軽く叩いて香りを出してからグラスの中へ入れる。

右側縦書き：確かな味とワザ！ 受賞カクテルレシピ

PART 9

2008年、ハバナクラブ モヒートカクテルコンペティション
入賞受賞 作／岡崎ユウ（BAR AVANTI）

Happy Leaf······ Ⓐ ウォッカ ベース ＋Ⓑ＋Ⓒ＋Ⓒ
ハッピーリーフ

中口
16〜29度
シェーク

フランスの老舗企業、マリー・ブリザール社のコンペティションでの作品。人のために生涯を捧げた創始者、マリー・ブリザール氏へのオマージュ。人々が幸せに満ちあふれるようにと願いを込めた名のカクテル。

グラスに凝縮させた
幸せの四つ葉のクローバー

Advice
手軽さが便利なピニャ・コラーダシロップ。味と香りが強いので、入れすぎに注意。

recipe
Ⓐウォッカ······················ 25ml
Ⓑリキュール（バナナ）············ 25ml
Ⓒレモンジュース················ 10ml
Ⓒピニャ・コラーダシロップ······1tsp

❶シェーカーに材料をすべて注ぐ。
❷キューブド・アイスを入れ、シェークしてグラスに注ぐ。
❸デコレーションを飾る。

2007年、マリー・ブリザールカクテルコンペティション
グランプリ受賞・ベストテイスト賞受賞　作／岡崎ユウ（BAR AVANTI）

La Paradis‥‥‥Ⓐ ウォッカ ベース ＋Ⓑ＋Ⓑ＋Ⓒ＋Ⓒ

ラ・パラディ

中甘口
16～29度
シェーク

燦々と降り注ぐ温かい光は、人々の心に希望と安らぎを与え、果実や木々に活力をもたらす。色とりどりの花々が咲き乱れ、蝶たちも舞い踊る……。そんな、地上の楽園を表現。バナナの風味が好印象。

recipe

Ⓐウォッカ‥‥‥‥‥‥‥‥‥‥‥ 15ml
Ⓑリキュール（バナナ）‥‥‥‥‥ 35ml
Ⓑリキュール（アニゼット）‥‥‥ 20ml
Ⓒレモンジュール‥‥‥‥‥‥‥‥5ml
Ⓒパイナップルジュース‥‥‥‥ 20ml
　エスプレッソの粉‥‥‥‥‥‥ 適量

❶グラスの縁をアニゼットで湿らせ、エスプレッソの粉をつけてスノースタイルにしておく。
❷シェーカーに飾り以外すべての材料を注ぎ、キューブド・アイスを入れ、シェークしてグラスに注ぐ。
❸デコレーションを飾る。

心が踊る、気持ちが弾む 楽園のエッセンス

Advice

スノースタイルに使うエスプレッソの粉は、苦みが強いものがおすすめ。カクテルの味が引き締まる。

2007年、マリーブ・リザール世界大会 inフランス・ボルドー
日本代表　デコレーション部門1位受賞　作／岡崎ユウ（BAR AVANTI）

カクテルをつくるツール

カクテルをきちんとつくるための基本道具をご紹介。どんなことでも最初が肝心です。まずは、いい道具といい材料をそろえることからスタート。これらを使って、基本のテクニックをしっかりマスターしましょう。

メジャーカップ

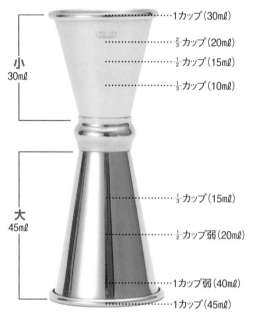

小
30mℓ

………1カップ（30mℓ）

………$\frac{2}{3}$カップ（20mℓ）

………$\frac{1}{2}$カップ（15mℓ）

………$\frac{1}{3}$カップ（10mℓ）

大
45mℓ

………$\frac{1}{3}$カップ（15mℓ）

………$\frac{1}{2}$カップ弱（20mℓ）

………1カップ弱（40mℓ）

………1カップ（45mℓ）

メジャーカップは、カクテルの材料を正確に計るときに必要なツール。上下に大、小2つのカップがついており、小は30mℓ入り、大は45mℓ入りになっています。下の表を参考に、分量の目安を覚えておきましょう。

分量の目安

10mℓを計る場合➡小$\frac{1}{3}$カップ

15mℓを計る場合➡小$\frac{1}{2}$カップ、または大$\frac{1}{3}$カップ

20mℓを計る場合➡小$\frac{2}{3}$カップ、または大$\frac{1}{2}$カップ弱

30mℓを計る場合➡小1カップ

40mℓを計る場合➡大1カップ弱

45mℓを計る場合➡大1カップ

50mℓを計る場合➡大1カップ強

メジャーカップの使い方

シェーカーなどに材料を入れるときは、人差し指と中指でくびれ部分を挟むように持ち、薬指と小指は自然に添える。

① メジャーカップは、人差し指と中指の付け根の部分に挟んで持ち、材料をゆっくり注ぐ。

② 人差し指と中指でくびれ部分を挟むように持ち、手首を返す要領でひねり、メジャーカップを傾けてシェーカーに注ぎ入れる。

シェーカー

混ざりにくい材料を混ぜ合わせたり、一気に材料を冷やす道具。

トップ……シェーカーのふた。材料を入れてから最後に装着する。

ストレーナー……氷を留め、グラスに液体だけを注ぐことができる。

ボディ……材料と氷を入れるシェーカーの本体。

トップ

ストレーナー

ボディ

ビターズ・ボトル

カクテルに苦みをつけたり。香りや色をよくするビターズを入れておくボトル。逆さにして、ひと振りで1dash（ダッシュ）出るようになっている。

スクイザー

レモンやオレンジなどの生のフルーツ果汁を搾るときに使う。

ミキシンググラス（右下）
ストレーナー（右）

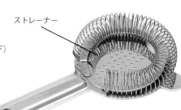

ステアするときに使う。混ざりやすい材料同士をバースプーンで混ぜ合わせるためのグラス。

ストレーナー……ミキシンググラスからカクテルを注ぐとき、氷を抑えるためのストッパー。

ストレーナー

ミキシンググラス

バースプーン

ビルドはもちろん、ステアや、ブレンドのときに欠かせない道具。

フォーク……マラスキーノチェリーやオリーブなどを瓶から取り出すときに使う。

柄……らせん状になっているのでスプーンを回転させやすい。

スプーン……バースプーン1杯分＝1 tspが計量できる。

フォーク

柄

スプーン

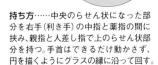

持ち方……中央のらせん状になった部分を右手（利き手）の中指と薬指の間に挟み、親指と人差し指で上のらせん状部分を持つ。手首はできるだけ動かさず、円を描くようにグラスの縁に沿って回す。

カクテルピン

デコレーションのフルーツやマラスキーノチェリー、オリーブなどを刺すもの。

キューブド・アイス

直径3〜4cmの氷。シェークやステア、ビルドの際に用いる。

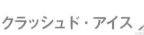

クラッシュド・アイス

細かく砕いた氷。フローズンタイプやジュレップスタイルのカクテルに用いる。

カクテルに使うグラスの種類

カクテルの世界観を広げ、よりムードを添えるのがグラス。グラスとマッチしていなければ、美味しさも半減してしまいます。カクテルグラスの種類はたくさんありますが、大きく分けると脚付き型と平底型の2種類。カクテルに合うグラスをチョイスすることが、味わいを引き立てる秘策です。

脚付き型グラス

カクテルがぬるくならないように脚の部分を持って飲む形状。脚があることで、上品な雰囲気を醸し出せるのも特徴。

カクテルグラス

容量は90mlが基準。グラスをあまり傾けなくても飲めるようになっている。ショート・ドリンクや「マティーニ」などに。

ゴブレット

タンブラーに脚を付けたデザイン。氷をたくさん使うカクテルなどに用いられる。トロピカル・ドリンクやワインベースのカクテルなどに。

シャンパングラス

細長いので炭酸が立ち上がる様子を美しく演出する。口部分が狭くなっているのは、ガスを抜けにくくするため。シャンパン類のカクテルなどに。

平底型グラス

一般的ないわゆるコップ。180〜300ml以上のものまでさまざま容量があるが、240ml（8オンス）入りのものが標準となっている。

タンブラー

脚の付いていない底が平らなグラス。容量は300mlが基準サイズで、主にロング・ドリンクに使う。ハイボールグラスとも呼ばれる。

オールドファッションドグラス

小型のタンブラー。容量は180〜300mlで口径が広く、大きな氷がそのまま入るため、主にオン・ザ・ロックスタイルを飲むときに用いられる。

カクテルの基本テクニック

カクテルをつくるには、ステア、シェーク、ビルド、ブレンドという4つの技法があり、それぞれに専用のツールがあります。堅苦しく考えず、基本の使い方をきちんとマスターすれば、自宅でも美味しいカクテルがつくれます。

Stir
ステア

ミキシンググラス&ストレーナー ＋ キューブド・アイス ＋ 材料 ＋ バースプーン

ステアとは、「混ぜる」という意味で、ミキシンググラスにキューブド・アイス、材料の順で入れ、バースプーンで素早くかき混ぜて注ぐというテクニック。混ざりやすい材料をミックスしたり、風味が繊細な材料の持ち味を生かすときに有効な技法。ポイントは、バースプーンを滑らかに回転させること。これを雑に行ってしまうと、氷同士がぶつかり、氷が割れたり、余計に溶けて水っぽいカクテルになってしまうので気をつけて。

ステアの手順

① ミキシンググラスにキューブド・アイスと水を入れ、バースプーンで軽くステアして氷の霜を取り、角を面取りする。

② ミキシンググラスにストレーナーをかぶせて水を捨てる。

③ ストレーナーを外し、メジャーカップで計った材料を静かに注ぐ。

④ バースプーンで材料と氷を同時に回転させるように静かに混ぜる。このときバースプーンをミキシンググラスの内側に沿って滑らせるようにするのがポイント。

⑤ ミキシンググラスにストレーナーをかぶせて、人指し指で押さえる。人差し指以外の指で、ミキシンググラスをしっかり握り、カクテルをグラスに注ぐ。

Technique
＊材料は氷の面取りをしてから注ぎ入れること。
＊バースプーンを出し入れする際は、氷を傷つけないように気をつける。
＊混ぜ合わせるときは手早く静かに。回数は15〜16回を目安に。

Shake
シェーク

シェーカー + 材料 + キューブド・アイス

シェークとは、「振る」という意味。振って材料を混ぜ合わせ、冷やして注ぐというテクニック。シェーカーを振ることによって、アルコール度数が高い酒のカドをなくして飲みやすくしたり、ジュースや牛乳、比重の差の大きい酒、比較的混ざりにくい材料同士などを素早く混ぜ合わせ、一気に冷やすことができます。また、シェークをすることで材料に空気が混ざるので、口あたりをマイルドにすることもポイント。

シェーカーの持ち方

❶右手（利き手）の親指でトップをしっかり押さえる。

❷薬指と小指の間にボディを挟み、人差し指と中指でシェーカーを支える。

❸左手の親指をストレーナーの肩の部分にあて、中指と薬指でボディの底を支える。

Technique
＊トップをかぶせるときは、空気を抜くイメージでかぶせる。

＊シェーカーに手の熱が伝わると氷が溶けやすくなってしまうので、指や手のひらを必要以上にシェーカーに密着させない。

＊生クリームや牛乳など、混ざりにくい材料のときはシェークの回数を2倍にする。

シェークの手順

ボディに計った材料を注ぎ、8〜9分目までキューブド・アイスを入れ、ストレーナーをはめて、トップをかぶせる。

シェーカーを正しく持ち、左胸の前で構える。（右利きの場合）

シェーカーを斜め上に突き出し、手首のスナップをきかせる。

シェーカーを胸の前の位置に戻す。

シェーカーを斜め下に突き出し、手首のスナップをきかせる。

シェーカーを左胸の前の位置に戻す。❸〜❻の動作を1セットとし、スムーズに7〜8セット繰り返す。トップを外し、ストレーナーの部分を右手（利き手）の人差し指と親指で押さえながらグラスに注ぐ。

Build
ビルド

グラス + 材料 + キューブド・アイス + バースプーン

ビルドは、グラスの中で直接つくり上げるというテクニック。炭酸を逃がさないことや材料を混ぜすぎないという効果のほか、材料をフロートさせる有効な技法。材料は前もって冷蔵庫で十分に冷やしておくこと。

ビルドの手順

①

冷やしたグラスにキューブド・アイスまたはクラッシュド・アイスを入れ、計った材料を静かに注ぐ。分量が適量とある材料は、グラスの8分目を目安に注ぐ。

②

バースプーンの背でグラスの内側に沿って滑らせるように軽く混ぜる。

Technique

＊バースプーンはグラスの縁から静かに入れる。
＊炭酸飲料はいちばん最後に注ぐ。
＊スプーンを回しすぎると炭酸のガスが抜けてしまうので、ステアの回数は1〜2回に留める。

Float
フロート

フロートは、2種類以上の比重が違う液体を重ねて層をつくる技法。きれいな層をつくるためには、材料が混ざり合わないように、バースプーンの背を伝わせて静かに注ぐのがポイント。

Blend
ブレンド

バー・ブレンダー + 材料 + クラッシュド・アイス + バースプーン

ブレンドは、「撹拌（かくはん）」という意味で、バー・ブレンダーというミキサーで材料を混ぜ合わせるテクニック。シャーベット状のフローズン・スタイルやフルーツを混ぜ込んでつくるカクテルで使われます。水っぽくなりすぎないようにクラッシュド・アイスの量や混ぜる時間に気をつけて。

ブレンドの手順

①

バー・ブレンダーに計った材料とクラッシュド・アイスを入れ、フタをしっかり閉めて材料を撹拌する。

②

スイッチを切り、フタを開け、バースプーンでカクテルをグラスにかき出す。

Technique

＊クラッシュド・アイスは少なめに入れ、様子を見ながら足す。
＊氷が砕ける音が消えた頃合でカクテルの味を確認する。
＊フルーツを使う場合はフルーツ、クラッシュド・アイス、材料の順に入れて変色を防ぐ。

スノースタイルを仕上げる手順

スノースタイルとは、塩や砂糖をグラスの縁につけて、まるで雪が積もったようにデコレーションすること。「ソルティー・ドッグ」や「マルガリータ」などに用いる技法。カクテルの味を存分に引き立て、見栄えも美しく彩ります。

スノースタイルの手順

半分に切ったレモンなどの切り口に、グラスの縁を当て、回しながら湿らせる。

皿に塩や砂糖などを平らに広げ、逆さにしたグラスを軽く押し当て、塩が均等につくようにする。

グラスの縁の湿らせ方にムラがあると、均等に塩や砂糖などがつかない。

フローズン・ストロベリー・マルガリータ

ソルティー・ドッグ

Technique
＊グラスを引き上げたら、底を指でたたいて余分な塩や砂糖を落とすと、きれいなスノースタイルが完成する。

ピールのつくり方&搾り方

ピールとは、「果肉の皮の小片」という意味で、レモン、ライム、オレンジなどの柑橘類の皮を薄く切り、皮に含まれている芳香のある油を搾ってカクテルに香りづけをするテクニック。さわやかな香りと飲み口を演出します。

マティーニ

Technique
＊果実の皮は、白い部分まで厚く切り取ってしまうと、苦みが強くなるので切り取りすぎないように注意。

ピールの手順

レモンやライムなどの果実の皮を、直径2〜3cmの円形または楕円形に薄く切り取る。

親指と中指でピールを挟んで人差し指の腹で押さえ、押し出すように皮の油を飛ばしてカクテルの表面に広がるように搾る。

ピールは思いのほかよく飛ぶので、グラスの横からではなく、20cmほど斜め上から搾るのがベスト。

ベースとなる酒に立体感や迫力、重さ、甘味など、個性を添えるのがベース以外の酒とリキュール。味わいを構成するそれぞれの特徴を解説します。

データの見方

商品名
解説
●アルコール度数／生産国／輸入元・取り扱い店／参考小売価格・税込（内容量）

Liqueur
リキュール

ハーブ系	香草や薬草などを添加したリキュール。
フルーツ系	オレンジやカシス、チェリーなどを添加したリキュール。
コーヒー・種子系	コーヒーやナッツ類などを添加したリキュール。
特殊系	クリームやミルクで甘みをつけたリキュール。

Gin
ジン

トウモロコシ、大麦、ライ麦などを原料とした蒸留酒を香草や薬草などで香りを溶け込ませて再蒸留させたもの。

ウヰルキンソン・ジン37°

10数種類のハーブが織り成す、やわらかな飲み口と香りが特徴のドライ・ジン。

●37度／日本／アサヒビール
957円（720ml）

ゴードン ロンドン ドライジン

伝統的なロンドン・ドライ・ジン。他のジンに比べ、ジュニパーベリーを多く使っている。

●37.5度／イギリス／並行
オープン価格（700ml）

ビーフィーター ジン

1820年創業以来、変わらぬ秘伝のレシピを守り続けている。爽やかな柑橘系の味わいが特徴。

●47度／イギリス／サントリー
1,419円（750ml）

ボンベイ・サファイア

世界各国から厳選して集められた10種類のボタニカルを使用。独特の華やかな香りをもつ。

●47度／イギリス／バカルディ ジャパン
オープン価格（750ml）

タンカレー ロンドン ドライジン

1830年創業以来、こだわりの4回蒸留による製法。洗練されたキレのある味わいが特徴。

●47.3度／イギリス／並行
オープン価格（750ml）

Vodka
ウォッカ

穀物類を蒸留し、白樺の炭でろ過して雑味を取り除き、無色透明にした蒸留酒。果実などで香りづけしたものもある。

グレイグース

最高品質を徹底的に追求した、フランス産最上クラスのスーパー・プレミアム・ウォッカ。

●40度／フランス／バカルディ ジャパン
オープン価格（700ml）

サントリーウオッカ 80プルーフ

白樺炭や独自の木炭でのろ過で入念に仕上げた、すっきりと澄み切った香りが特徴。

●50度／日本／サントリー
1,080円（720ml）

※本書に掲載されているデータは、2021年4月現在のものです。

スカイウオツカ

独自の温度調整法による4回蒸溜と、3回のろ過による、ピュアでスムーズな仕上がり。

●40度／アメリカ／
シーティースピリッツジャパン
1,419円（750ml）

ストリチナヤ プレミアム

シルキーな口あたりと豊かな香り、ほのかにスパイシーさを感じるフィニッシュが特徴。

●40度／ラトビア／
日本ビール
1,529円（750ml）

スミノフ™

雑味を徹底的に取り除いた、無色透明のクリアなテイストが特徴。世界中で人気。

●40度／韓国／
キリンビール
オープン価格（750ml）

Rum
ラム

サトウキビから砂糖の結晶を取り除いた後の糖密を発酵・蒸留したもの。ホワイト、ゴールド、ダークがある。

バカルディ スペリオール

チャコール・フィルターで不純物を取り除いた無色のラム。ライト・ラムの代名詞的な存在。

●40度／プエルトリコ
／バカルディ ジャパン
オープン価格（750ml）

ハバナクラブ3年

100年以上歴史のある地下貯蔵庫で3年間の樽熟成を終えたプレミアム・ホワイト・ラム。

●40度／キューバ／
ペルノ・リカール・ジャパン
オープン価格（700ml）

ハバナクラブ7年

7年間の樽熟成を終えたダーク・ラム。甘くウッディなアロマと、深いコクのある味わい。

●40度／キューバ／
ペルノ・リカール・ジャパン
オープン価格（700ml）

マイヤーズラム オリジナル ダーク

ジャマイカ産のダーク・ラム。華やかな風味と芳醇な香りは、カラメルを連想させる。

●40度／ジャマイカ
／キリンビール
オープン価格（700ml）

ロンリコ151

1860年に誕生した歴史あるカリビアンラム。アルコール度数が高く、インパクトのある味わい。

●75度／プエルトリコ
／サントリー
2,013円（700ml）

Tequila
テキーラ

リュウゼツ蘭という植物が原料。蒸留後に熟成させないホワイトとオーク樽で2カ月熟成させたゴールドが一般的。

テキーラ サウザ シルバー

メキシコでも大人気のテキーラ。ピュアな口あたりと新鮮な香りが特徴。ゴールドもある。

●40度／メキシコ／
サントリー
1,925円（750ml）

ドン・フリオ レポサド

熟成期間8カ月。まろやかな口あたりで、コクがありながらさっぱりとした味わい。

●38度／メキシコ／
並行
オープン価格（750ml）

Whisky
ウィスキー

麦やトウモロコシなどの穀物が原料。麦芽の酵素で糖化し、発酵させ、蒸留して樽の中で熟成させたもの。

オールド・オーバーホルト

200年の伝統をもつバーボンの老舗、ジムビーム社で蒸留製造。ライ麦由来の辛口。

●40度／アメリカ／並行
オープン価格(750㎖)

ザ・フェイマスグラウス

法律が定めた2倍以上の熟成期間を経たモルトをブレンド。やや辛口で後味がすっきり。

●40度／スコットランド／並行
オープン価格(700㎖)

ジェムソン

3回の蒸留を経て、樽熟成によって生まれるスムーズな味わいのアイリッシュ・ウイスキー。

●40度／アイルランド／ペルノ・リカール・ジャパン
オープン価格(700㎖)

バランタイン ファイネスト

どこまでも豊かでなめらかな風味を求めて40種類におよぶモルト原酒をブレンド。

●40度／スコットランド／サントリー
1,529円(700㎖)

フォアローゼズ

香りの異なる複数の原酒を絶妙のバランスでブレンド。フローラルな香りとなめらかな味。

●40度／アメリカ／キリンビール
オープン価格(700㎖)

Brandy
ブランデー

ブドウでつくられるものが本来ブランデーと呼ばれるが、リンゴやその他のフルーツでもつくられる。

カルヴァドス ブラー グラン ソラージュ

3〜5年熟成させた原酒を使い、フレッシュなリンゴのアロマがほどよく感じられる。

●40度／フランス／サントリー
4,950円(700㎖)

クルボアジェV.S.O.P.ルージュ

すみれやバラの香りを連想させる、華やかな風味。フルーティで軽やかな味わい。

●40度／フランス／サントリー
4,180円(700㎖)

Wine
ワイン

白ワインに、アルコールを添加して熟成させたのがシェリー酒で、香草・薬草の香りとスピリッツを加えたのがベルモット。

ゴンザレス・ティオペペ

石灰分の含有量が多い真っ白な土壌で育ったパロミノ品種からつくられる辛口シェリー。

●15度／スペイン／メルシャン
オープン価格(750㎖)

チンザノ ベルモット ロッソ

ハーブやスパイスなどをブレンドし、カラメルで色付けした甘口のベルモット。

●15度／イタリア／並行
オープン価格(750㎖)

※ワインは、製造法や原材料によって、❶スティルワイン(赤・白・ロゼ)、❷スパークリングワイン(シャンパンほか)、❸フォーティファイドワイン(シェリー酒ほか)、❹フレーバードワイン(ベルモットほか)の4種類に分けられます。

ノイリー・プラット ドライ

フレンチ・ベルモットの
トップブランド。丹念
な製造過程から生まれ
る豊かな味わいが人気。

●18度／フランス／
バカルディ ジャパン
オープン価格（750mℓ）

リレ ブラン

100年以上に渡って世
界中で愛されているア
ベリティフ酒。フルー
ティでスイートな味わい。

●17度／フランス／
並行
オープン価格（750mℓ）

マルティーニ エクストラ・ドライ

コクのある白ワインと
柑橘類、快い香りの蒸留
液をブレンド。ブドウエ
キスが濃いベルモット。

●18度／イタリア／
バカルディ ジャパン
オープン価格（750mℓ）

Liqueur
リキュール

蒸留酒にフルーツや香草、
ナッツなどのフレーバーを
加え、甘みや色みなどをもた
せて調整した混成酒。

オリエンス 杏

フルーティで甘ずっぱ
い味わいと、やわらか
でやさしい香りが魅力
のあんずのリキュール。

●14度／日本／ベン
ダーストア
オープン価格（500mℓ）
フルーツ系

ガリアーノ オーセンティコ

アニスなど30種類以
上の原料を使用。余韻
が残る芳醇なハーブの
味わいが印象的。

●42.3度／イタリア／
アサヒビール
6,534円（700mℓ）
ハーブ系

カルーア コーヒー リキュール

アラビカ種のコーヒー
豆を香り高くローストし、
スピリッツに浸け込ん
だ香り高い仕上がり。

●20度／メキシコ／
サントリー
1,518円（700mℓ）
コーヒー・種子系

カンパリ

ハーブやビターオレン
ジを配合。独特なほろ
苦さが世界中で愛され
ているリキュール。

●25度／イタリア／
シーティースピリッツジャパン
2,002円（750mℓ）
ハーブ系

グラン マルニエ ゴルドン ルージュ

コニャックにビターオ
レンジの蒸留エキスを
加え、オーク樽で熟成
させたリキュール。

●40度／フランス／
ドーバー洋酒貿易
1,496円（200mℓ）
フルーツ系

コアントロー

ビターオレンジとス
ウィートオレンジのエッ
センシャルオイルを絶
妙なバランスで配合。

●40度／フランス／
レミー コアントロージャパン
オープン価格（700mℓ）
フルーツ系

ゴードン・スロージン

ドライ・ジンで有名な、
イギリスのタンカレー
ゴードン社がつくる本
格派スロー・ジン。

●26度／イギリス／
ジャパンインポートシステム
オープン価格（700mℓ）
フルーツ系

サザン カンフォート

ピーチを主体に、数十
種類の果実とハーブを
配合したアメリカ生ま
れのリキュール。

●21度／アメリカ／
アサヒビール
1,628円（750mℓ）
フルーツ系

ザ・ブルー ブルーキュラソー

オレンジの果肉で風味をつけ、鮮やかな青色を着色したリキュール。柑橘の心地よい香り。

●24度／日本／ベンダーストア
オープン価格(750㎖)

フルーツ系

スーズ

ピカソやダリが愛飲したリキュールとして有名。独特のほろ苦さと甘みが絶妙な味わい。

●20度／フランス／ペルノ・リカール・ジャパン
オープン価格(700㎖)

ハーブ系

チナール

アーティーチョークをベースに、13種のハーブを加えたほろ苦い味わいのリキュール。

●16度／イタリア／シーティースピリッツジャパン
2,970円(700㎖)

ハーブ系

ティアマリア コールドブリュー コーヒーリキュール

ジャマイカのコーヒー豆を使ったコーヒーリキュール。カルーアよりコーヒー風味が豊か。

●20度／イタリア／ウィスク・イー
オープン価格(700㎖)

コーヒー・種子系

ディタ ライチ

ライチのエキゾチック感が際立つ香りで、控えめな甘みと、みずみずしい味わいが魅力的。

●21度／フランス／ペルノ・リカール・ジャパン
オープン価格(700㎖)

フルーツ系

ディサローノ アマレット ベビーサイズ

アーモンドフレーバーの甘さの中に、豊かな香りを秘めた、奥深い味わい。

●28度／イタリア／並行
オープン価格(200㎖)

コーヒー・種子系

ティフィン ティーリキュール

厳選されたダージリンの葉を贅沢に使用してつくられた、品質の高い紅茶のリキュール。

●24度／ドイツ／サントリー
3,190円(750㎖)

ハーブ系

ドランブイ

スコッチ・ウィスキーをベースにはちみつやさまざまなハーブ、スパイスをブレンド。

●40度／スコットランド／サントリー
2,640円(750㎖)

ハーブ系

ハイラムウォーカー サンブーカ

良質のアニスを使用し、上質な香りを実現。強さと香りの良さをあわせもつリキュール。

●42度／アメリカ／サントリー
3,410円(750㎖)

ハーブ系

パジェス・クレーム・ド・ペシェ

蒸留酒にピーチを1カ月間ゆっくりと浸漬し、さらに果汁を加えたフルーティなリキュール。

●15度／フランス／ユニオンリカーズ
2,310円(700㎖)

フルーツ系

ヒーリング チェリー リキュール

厳選されたさくらんぼのみを使用。3年以上の熟成を経たライト＆ナチュラルな味わい。

●24度／スウェーデン／サントリー
2,640円(700㎖)

フルーツ系

ヒプノティック

キウイやパッションフルーツなどがバランスよくブレンドされた、フルーツティのようなリキュール。

●17度／フランス／バカルディ ジャパン
オープン価格(750㎖)

フルーツ系

ハーブ系	薬草や香草などを添加したリキュール。
フルーツ系	オレンジやカシス、チェリーなどを添加したリキュール。
コーヒー・種子系	コーヒーやナッツ類などを添加したリキュール。
特殊系	クリームやミルクで甘みをつけたリキュール。

ベイリーズオリジナルアイリッシュクリーム

新鮮なクリーム、アイリッシュウィスキー、カカオ、バニラの香りが重なった芳しい味わい。

●17度／アイルランド／並行
オープン価格(700㎖)

特殊系

ベネディクティン DOM

27種類の薬草と東方の香辛料からなる、フランスを代表する薬草系リキュール。

●40度／フランス／バカルディ ジャパン
オープン価格(750㎖)

ハーブ系

ペパーミント ジェット27

7種類のミントを使用。程よい甘さとミントの風味が絶妙な、世界No.1のミント・リキュール。

●21度／フランス／バカルディ ジャパン
オープン価格(700㎖)

ハーブ系

ペパーミント ジェット31

ペパーミント ジェット27よりアルコール度数が高い、ホワイトミント・リキュール。

24度／フランス／バカルディジャパン
オープン価格(700㎖)

ハーブ系

ボルス アプリコットブランデー

数種のハーブとコニャックを合わせたアプリコットリキュール。アーモンドの香りが特徴。

●24度／オランダ／アサヒビール
オープン価格(700㎖)

フルーツ系

ボルス クレーム・ド・バナナ

熟成したバナナとアーモンド、バニラの風味が加わった甘味のあるトロピカル・リキュール。

●17度／オランダ／アサヒビール
オープン価格(700㎖)

フルーツ系

ボルス チェリーブランデー

成熟した濃厚なチェリーをベースに、アーモンドフレーバーをプラス。

●24度／オランダ／アサヒビール
オープン価格(700㎖)

フルーツ系

マリブ

厚みのあるココナッツの香りがストレートに感じられる。メリハリのある香味バランスが特徴。

●21度／イギリス／サントリー
1,496円(700㎖)

フルーツ系

マリーブリザール カカオ・ブラウン

厳選されたカカオ豆と、バニラを一緒に蒸留し、浸漬。カカオの豊かな味わいと香りが広がる。

●25度／スペイン／並行
オープン価格(700㎖)

コーヒー・種子系

ルクサンド マラスキーノ

木の樽でゆっくりと熟成後、単式蒸留を経て、さらに大樽で3年間熟成。豊潤な香りが特徴。

●32度／イタリア／ドーバー洋酒貿易
2,285円(500㎖)

フルーツ系

ルジェ クレーム ド カシス

良質のカシスを使い、保存料・添加物を一切加えずにフルーティな香りと味わいを実現。

●20度／フランス／サントリー
1,716円(700㎖)

フルーツ系

ルジェ クレーム ド ストロベリー

ほのかな甘みが広がるストロベリー・リキュール。鮮やかな色と洗練された味わいが特徴。

●15度／フランス／サントリー
1,793円(700㎖)

フルーツ系

INDEX カクテル名50音順

INDEX ベース別

撮影協力・AVANTI（アバンティ）
東京都中央区銀座8-5-13 マキシドビル4F
☎03-3571-7885
営業時間／16:00～24:00（月～金）23:30 L.O.
　　　　　16:00～23:00（土）22:30 L.O.
http://bar-avanti.com

● 企画・編集　　　　スタジオパラム

● Director　　　　清水信次
● Editor & Writer　　島田みさ
　　　　　　　　　　島上絹子
● Camera　　　　　上田克郎
● Design　　　　　スタジオパラム
● Special thanks　　アサヒビール株式会社、キリンホールディングス株式会社、
　　　　　　　　　　サントリーホールディングス株式会社、バカルディ ジャパン株式会社、
　　　　　　　　　　レミーコアントロージャパン株式会社　ほか

本格　家飲みカクテル教本　新装版
ルールをマスターして美味しく楽しむ120種

2021年6月25日　第1版・第1刷発行

監修者　　岡崎ユウ（おかざき　ゆう）
発行者　　株式会社メイツユニバーサルコンテンツ
　　　　　代表者　三渡　治
　　　　　〒102-0093 東京都千代田区平河町一丁目1-8
印　刷　　株式会社厚徳社

ご意見・ご感想はホームページから承っております。
ウェブサイト https://www.mates-publishing.co.jp/

編集長：折居かおる　副編集長：堀明研斗　企画担当：折居かおる／千代　寧

※本書は2013年発行の『本格　家飲みカクテル教本　簡単ルールで美味しくできる120種』の
　内容を確認したうえで必要な修正を行い、書名・装丁を変更して新たに発行したものです。